Na Onda do Português 1

Ana Maria Bayan Ferreira • Helena José Bayan

Coordenação Científica

Ilustrações:
Liliana Lourenço

Lidel – edições técnicas, lda

EDIÇÃO E DISTRIBUIÇÃO
Lidel – Edições Técnicas, Lda
Rua D. Estefânia, 183, r/c Dto – 1049-057 Lisboa
Tel: +351 213 511 448
lidel@lidel.pt
Projetos de edição: editec@lidel.pt
www.lidel.pt

LIVRARIA
Av. Praia da Vitória, 14 A – 1000-247 Lisboa
Tel: +351 213 511 448
livraria@lidel.pt

ISBN edição impressa: 978-972-757-809-2
1ª edição: setembro 2009
2ª edição impressa: agosto 2011
Reimpressão de maio 2016

Capa, conceção de *layout* e paginação: Rute Pires
Impressão e acabamento: Cafllesa - Soluções Gráflcas, Lda. - Venda do Pinheiro
Dep. Legal: n.º 345706/12

Ilustrações: Liliana Lourenço
Fotografias: vários (ver pág. 220)

Cd áudio
Produção: Armazém 42
Vozes: Paulo Espírito Santo, Ana Vieira, Sandra de Castro, André Raimundo, Gonçalo de Sá (Geração Radical), Ruben Leonardo (Geração Radical), Inês Relvas, Raquel Relvas, Leonor Sanpayo, Mariana Sanpayo, João Eleutério
Duplicação: MPO

NÍVEL DE PROFICIÊNCIA LINGUÍSTICA – A1/A2

PARTE 1	COMPETÊNCIA COMUNICATIVA		
	PRAGMÁTICA	LINGUÍSTICA	
UNIDADES	COMPETÊNCIAS DISCURSIVA / FUNCIONAL	COMPETÊNCIAS LINGUÍSTICAS LEXICAL	COMPETÊNCIAS LINGUÍSTICAS GRAMATICAL
Unidade 0 **Vamos aprender Português!**	• Identificar marcas da identidade cultural portuguesa / língua portuguesa	• O alfabeto	• Artigo definido / artigo indefinido e seu emprego • Nome • Género • Formação do feminino • Formação do plural
Unidade 1 **Olá, amigos!**	• Identificar-se a si e aos outros • Indicar o país e a nacionalidade • Dar e pedir informação sobre nomes e apelidos • Dar e pedir informação sobre morada e telefone • Indicar a idade e a profissão	• Nome e apelido • Nacionalidades • Cidades e países • Numerais cardinais • Profissões	• Pronomes pessoais sujeito • Presente do Indicativo do verbo ***Ser*** • Adjetivos • Preposição ***de*** e sua contração • Presente do Indicativo do verbo ***Ter*** • Interrogativos: ***quem, qual, onde, que, quantos*** • Presente do Indicativo do verbo ***Morar*** • Preposição ***em*** e sua contração
Unidade 2 **A minha família e os meus amigos**	• Identificar e indicar os graus de parentesco / descrever a família • Indicar posse • Perguntar e indicar a data / os dias da semana • Descrever pessoas • Indicar o estado do tempo / as estações do ano	• Graus de parentesco • Datas / dias da semana • Adjetivos • Cores • Estado do tempo • Estações do ano	• Determinantes possessivos • Preposições – situar ações no tempo • Contração das preposições ***em***, ***de***, ***a*** • Adjetivo

<table>
<tr><th></th><th colspan="3">COMPETÊNCIA COMUNICATIVA</th></tr>
<tr><th>PARTE 1 (cont.)</th><th>PRAGMÁTICA</th><th colspan="2">LINGUÍSTICA</th></tr>
<tr><th>UNIDADES</th><th>COMPETÊNCIAS DISCURSIVA / FUNCIONAL</th><th>COMPETÊNCIAS LINGUÍSTICAS
LEXICAL</th><th>COMPETÊNCIAS LINGUÍSTICAS
GRAMATICAL</th></tr>
<tr><td>Unidade 3
Amigos virtuais</td><td>• Caracterizar pessoas / animais / objetos
• Saudar / cumprimentar / apresentar alguém
• Expressar gostos</td><td>• Características de pessoas / animais / objetos
• Gostos
• Expressões de saudação</td><td>• Adjetivo
• Pronomes / determinantes indefinidos
• Gostar de + nome
• Gostar de + Infinitivo
• Adorar / odiar / detestar + nome
• Adorar / odiar / detestar + Infinitivo</td></tr>
<tr><td>Unidade 4
Estou feliz!</td><td>• Descrever sentimentos e estados físicos
• Indicar causas
• Descrever tipos de habitação
• Descrever a casa
• Situar no espaço pessoas e objetos
• Indicar a quantidade
• Identificar materiais / padrões / formas</td><td>• Sentimentos / estados físicos / causas
• Tipos de habitação (divisões, mobiliário e objectos)
• Materiais / padrões / formas</td><td>• Presente do Indicativo do verbo Estar
• Diferença entre Ser e Estar
• Locuções prepositivas de lugar
• Presente do Indicativo do verbo do Haver (há)
• Interrogativos (quanto, quanta, quantos, quantas)</td></tr>
<tr><td>Unidade 5
O que estás a fazer?</td><td>• Falar de ações em curso
• Falar de ações / situações diferentes simultâneas
• Localizar / situar geograficamente
• Falar sobre locais na cidade
• Perguntar / dar informações sobre localização no espaço</td><td>• Locais na cidade</td><td>• Estar a + Infinitivo
• Conjunção temporal enquanto
• Presente do Indicativo do verbo Ficar
• Diferença entre Estar e Ficar</td></tr>
</table>

PARTE 1 (cont.)	COMPETÊNCIA COMUNICATIVA		
	PRAGMÁTICA	LINGUÍSTICA	
UNIDADES	COMPETÊNCIAS DISCURSIVA / FUNCIONAL	COMPETÊNCIAS LINGUÍSTICAS LEXICAL	COMPETÊNCIAS LINGUÍSTICAS GRAMATICAL
Unidade 6 **Uma escola como a minha!**	• Comunicar na sala de aula • Falar sobre espaços da escola /atividades • Indicar o horário escolar • Descrever diferentes tipos de escolas • Dar opinião sobre a escola	• Espaços da escola / objetos da sala de aula • Atividades da escola • Discurso da sala de aula • Disciplinas / material escolar	• Presente do Indicativo dos verbos regulares e irregulares
PARTE 2			
Unidade 7 **Jovens de todo o Mundo!**	• Falar de ações habituais no presente • Exprimir verdades científicas • Identificar alimentos • Falar de hábitos alimentares	• Atividades do dia a dia • Alimentos • Refeições	• Emprego do Presente do Indicativo • Advérbios e locuções adverbiais • Conjugação pronominal • Colocação do pronome na frase • Formação da interrogativa
Unidade 8 **O meu bairro ideal**	• Pedir e indicar informações sobre percursos • Falar sobre o nosso bairro • Falar sobre a nossa cidade	• Serviços e comércio • Percursos e transportes • Nomes de ruas, avenidas • Nomes de monumentos	• ***Ir a / ir para*** • Contração da preposição ***a*** • Verbos de movimento no Presente do Indicativo • Verbos + preposições e locuções prepositivas • Contração das preposições ***em, de, por*** • Diferença entre ***para*** e ***por***

PARTE 2 (cont.)	COMPETÊNCIA COMUNICATIVA PRAGMÁTICA	LINGUÍSTICA	
UNIDADES	COMPETÊNCIAS DISCURSIVA / FUNCIONAL	COMPETÊNCIAS LINGUÍSTICAS LEXICAL	COMPETÊNCIAS LINGUÍSTICAS GRAMATICAL
Unidade 9 **O que vamos fazer?**	• Falar de ações no futuro próximo • Exprimir intenções • Ir às compras • Fazer pedidos • Dar e pedir informações • Pedir e dar opinião • Convidar / sugerir • Aceitar ou recusar um convite	• Compras • Lojas • Serviços • Restaurantes • Comidas e bebidas • Fórmulas opinativas • Fórmulas de cortesia	• Futuro próximo (***Ir*** + Infinitivo) • Presente do Indicativo com valor de futuro • ***Pensar*** + Infinitivo • Expressões de tempo • Verbos opinativos • Demonstrativos • Demonstrativos associados aos advérbios de lugar (***aqui, aí, ali***)
Unidade 10 **Rotina... Nem pensar!**	• Falar do corpo humano • Descrever estados físicos • Falar de desportos / atividades de lazer / equipamentos • Falar dos tempos livres • Dar justificações • Fazer comparações	• Corpo humano • Estados físicos • Nomes de desportos e atividades de lazer • Nomes de equipamentos desportivos • Tipos de espetáculos	• Conectores discursivos de causa • Graus dos adjetivos
PARTE 3			
Unidade 11 **Vidas**	• Falar de ações passadas pontuais • Falar de ações passadas recentes • Narrar / relatar acontecimentos passados • Situar ações passadas no tempo • Relacionar momentos do passado • Redigir uma biografia	• Léxico relacionado com viagens / férias • Dados biográficos	• Pretérito Perfeito Simples do Indicativo (verbos regulares e irregulares) • Advérbios e expressões de tempo • Advérbios e locuções adverbiais de tempo (***já, nunca, ainda não***) • ***Acabar de*** + Infinitivo

PARTE 3 (cont.)	COMPETÊNCIA COMUNICATIVA		
	PRAGMÁTICA	LINGUÍSTICA	
UNIDADES	COMPETÊNCIAS DISCURSIVA / FUNCIONAL	COMPETÊNCIAS LINGUÍSTICAS LEXICAL	COMPETÊNCIAS LINGUÍSTICAS GRAMATICAL
Unidade 12 Recordar é viver...	• Descrever ações habituais do passado • Relembrar épocas passadas • Comparar hábitos do passado com hábitos do presente	• Hábitos do passado	• Pretérito Imperfeito do Indicativo (verbos regulares e irregulares) • Advérbios e expressões de tempo • Pronomes pessoais com função de complemento direto e indireto
Unidade 13 Um episódio de verão.	• Descrever / narrar situações • Retratar / caracterizar pessoas, espaços e objetos	• Léxico no âmbito da narração / descrição	• Pretérito Imperfeito do Indicativo - diferentes usos • ***Estar*** (Pretérito Imperfeito) + ***a*** + Infinitivo

Portefólio

Anexos - Verbos irregulares

Anexos - Numerais

Lista de Faixas do CD Áudio

UNIDADE 0

Vamos aprender Português!

Vamos aprender a:

- Identificar marcas da identidade cultural portuguesa / língua portuguesa

Vamos aprender:

- O alfabeto

Vamos aprender:

- Artigo definido / artigo indefinido e seu emprego
- Nome
- Género
- Formação do feminino
- Formação do plural

Tarefas

Atividade 1

Identificar

Atividade 2

Escrever

- Palavras

Atividade 3

Ouvir / Ler

- Uma canção *O alfabeto*

Atividade 4

Estudo da Língua

<u>Secção A</u>

- Artigo definido / artigo indefinido e seu emprego

<u>Secção B</u>

- Nome
  - Género
  - Formação do feminino
  - Formação do plural

Atividade 5

Identificar marcas da cultura / língua portuguesa

Trabalho de grupo
Elaborar um cartaz com imagens da cultura portuguesa.

Atividade 1

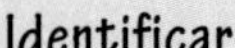
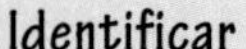

Identificar

A. **Quando se fala em cultura, vem-nos uma série de imagens à mente. Que imagens relacionas com Portugal?**

1

2

3

4

5

6

7

8

9

10

11

12

13

Atividade 2

Escrever

A. **Quantas palavras portuguesas conheces? Em cinco minutos escreve, nas pranchas de *surf,* o maior número possível de palavras portuguesas.**

5 a 10	☐	Nada mau
11 a 15	☐	Bom
16 a 20	☐	Bastante Bom
21 a 25	☐	Muito Bom

Atividade 3

Ouvir / Ler

A. **Ouve a canção e lê as letras.**

www.rtp.pt, alfabeto infantil in youtube.com

K, W e Y são letras apenas utilizadas em algumas palavras estrangeiras e em nomes e adjetivos derivados de palavras estrangeiras.

B. Ouve e lê as letras do alfabeto.

As vogais

a e i o u

As consoantes

b c d f g h j k l m n
p q r s t v w x y z

C. Ouve e lê as letras do alfabeto e as palavras correspondentes.

A, a – a água

B, b – o burro

C, c – o copo

D, d – o dado

E, e – a erva

F, f – a faca

G, g – o gato

H, h – o homem

I, i – a igreja

J, j – o jardim

L, l – o livro

M, m – a mesa

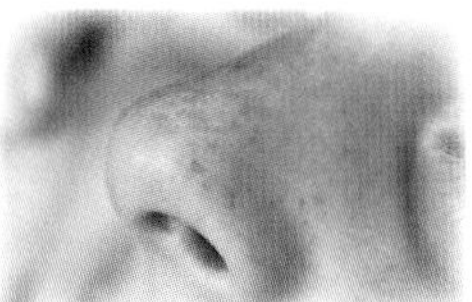
N, n – o nariz

O, o – a orca

P, p – o pato

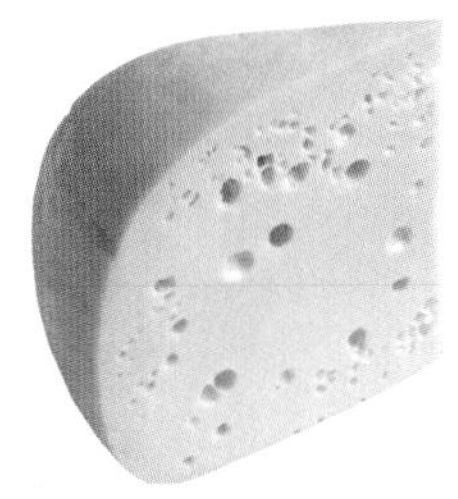
Q, q – o queijo

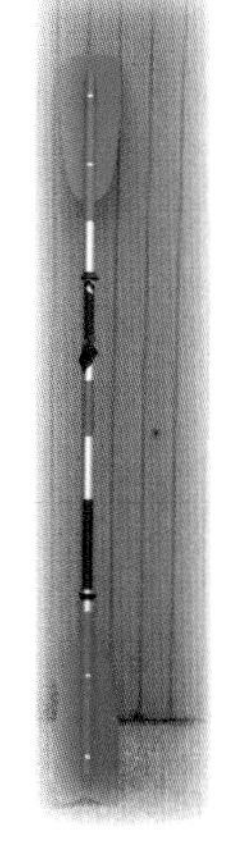
R, r – o remo

S, s – a sardinha

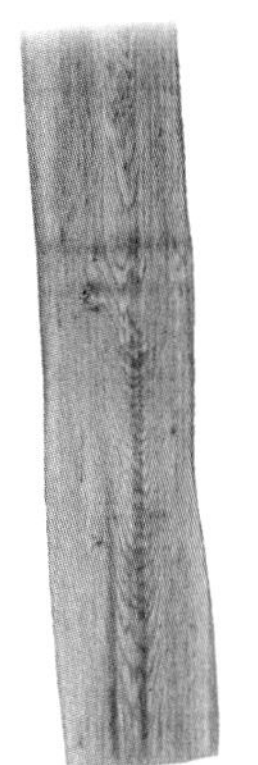
T, t – a tábua

U, u – a uva

V, v – o vulcão

X, x – o xarope

Z, z – a zebra

D. **Ouve e repara:**

ch	a chave	o chocolate
lh	a ilha	o milho
nh	o ninho	a andorinha

E. Agora que conheces as letras do alfabeto assinala a palavra que ouves.

1. cama ☐ fama ☐ lama ☐
2. carro ☐ varro ☐ barro ☐
3. bota ☐ lota ☐ horta ☐
4. rei ☐ lei ☐ sei ☐
5. pente ☐ lente ☐ sente ☐
6. pinho ☐ ninho ☐ vinho ☐
7. ilha ☐ filha ☐ ervilha ☐
8. sapo ☐ saco ☐ taco ☐

Atividade 4

Estudo da Língua

Secção A – Artigo definido e Artigo indefinido

Artigo definido

A. Ouve e lê. Repara nas seguintes palavras.

a mesa

as mesas

o carro

os carros

o copo

os copos

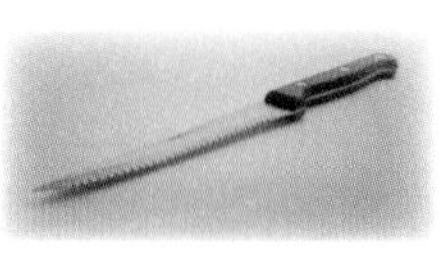

a faca

as facas

o aluno

os alunos

a casa

as casas

Artigos definidos			
Singular		Plural	
Feminino	Masculino	Feminino	Masculino
a	o	as	os

O emprego do artigo definido

Regra geral

o / a / os / as + nome

o / a / os / as + nome próprio (pessoas, rios, serras, montanhas, países e continentes)

Exemplos:

O Pedro
A Ília
Os Souto
O Tejo
A Serra da Estrela
A Europa

O Franz
A Yuan
As Montanhas Rochosas
O Canadá

Artigo indefinido

Artigos indefinidos			
Singular		Plural	
Feminino	Masculino	Feminino	Masculino
uma	um	umas	uns

O emprego do artigo indefinido

Regra geral

um / uma / uns / umas + nome comum

B. **Ouve e lê.**

um copo, uns copos
uma porta, umas portas
uma casa, umas casas
um carro, uns carros
uma aluna, umas alunas
uma pasta, umas pastas

Secção B – Nome

- **Nome é a palavra com que designamos ou nomeamos os seres em geral.**

- **Há nomes:**

Próprios	ex.: a Ana , o Japão
Comuns	ex.: a rapariga, o gato
Abstratos	ex.: a paz, a justiça
Concretos	ex.: a mesa, o cão
Coletivos	ex.: o grupo, a turma

Género

Há dois géneros em português:

masculino	**feminino**
São do género masculino todos os nomes a que se pode antepor o artigo o.	São do género feminino todos os nomes a que se pode antepor o artigo a.
Exemplo: o aluno, o copo	Exemplo: a casa, a praia

A. **Preenche os espaços com o artigo definido.**

1. _______ vídeo

2. _______ bola

3. _______ cama

4. _______ Pedro

5. _______ Ana

6. _______ canetas

7. _______ professora

8. _______ óculos

9. _______ cão

10. _______ galinha

11. _______ amigos

12. _______ grupo

13. ______ Alpes

14. ______ Austrália

15. ______ Europa

B. **Preenche os espaços com o artigo indefinido.**

1. ______ mochila

2. ______ boné

3. ______ caixas

4. ______ computador

5. ______ telemóvel

6. ______ maçã

7. ______ peixe

8. ______ mulher

9. ______ vestidos

10. ______ papel

11. ______ calças

12. ______ árvore

13. ______ polícia

14. ______ flores

15. ______ prancha

Formação do feminino

Regra geral

- Os nomes terminados em -o átono formam normalmente o feminino substituindo essa desinência por -a
- Os nomes terminados em consoante (s, r, z) formam normalmente o feminino com o acréscimo da desinência -a

Masculino	Feminino
Terminado em:	Muda para:
-o ex.: gato	-a ex.: gata
-consoante exs.: pintor	-a exs.: pintora
leitor	leitora
juiz	juíza
português	portuguesa
camponês	camponesa

ATENÇÃO!

Masculino	Feminino
Terminados em:	Mudam para:
-ão ex.: leão	-oa ex.: leoa
-ão ex.: ancião	-ã ex.: anciã
-ão ex.: comilão	-ona ex.: comilona
-eu ex.: europeu	-eia ex.: europeia

C. **Escreve as palavras no feminino.**

1. o professor ____________

2. o aluno ____________

3. o médico ____________

4. o cantor ____________

5. o tio ____________

6. o irmão ____________

7. o gato ____________

8. o pato ____________

9. o cidadão ____________

10. o patrão ____________

Formação do plural

Regra geral

- O plural dos nomes terminados em vogal ou ditongo forma-se acrescentando -s ao singular.
- O plural dos nomes terminados em consoante forma-se acrescentando -es ao singular.

Singular	Plural
mesa	mesas
pau	paus
pintor	pintores

ATENÇÃO!

- As palavras terminadas em: al, el, ol, ul, trocam o l por is.
  Exemplos: jornal > jornais; túnel > túneis; caracol > caracóis; azul > azuis
- As palavras terminadas em: il mudam o l para s.
  Exemplos: barril > barris; funil > funis
- As palavras terminadas em: m fazem o plural com ns.
  Exemplos: nuvem > nuvens; atum > atuns
- As palavras terminadas em: ão fazem o plural com ãos; ões; ães.
  Exemplos: mão > mãos; balão > balões; cão > cães

Singular	**Plural**	
Terminados em:	Mudam para:	Acrescenta:
-ão balão	**ão>ões** balões	
-ão cão	**ão>ães** cães	
-ão irmão		**-s** irmãos
-r, -z, -n mar, rapaz, íman		**-es** mares, rapazes, ímanes
-al, -el, -ol, -ul animal, móvel	**l>is** animais, móveis	
-il barril	**l>s** barris	
-il réptil	**il>eis** répteis	

D. Escreve as palavras no plural.

1. o livro ______________

2. a mulher ______________

3. o anel ______________

4. a blusa ______________

5. o jornal ______________

6. o patrão ______________

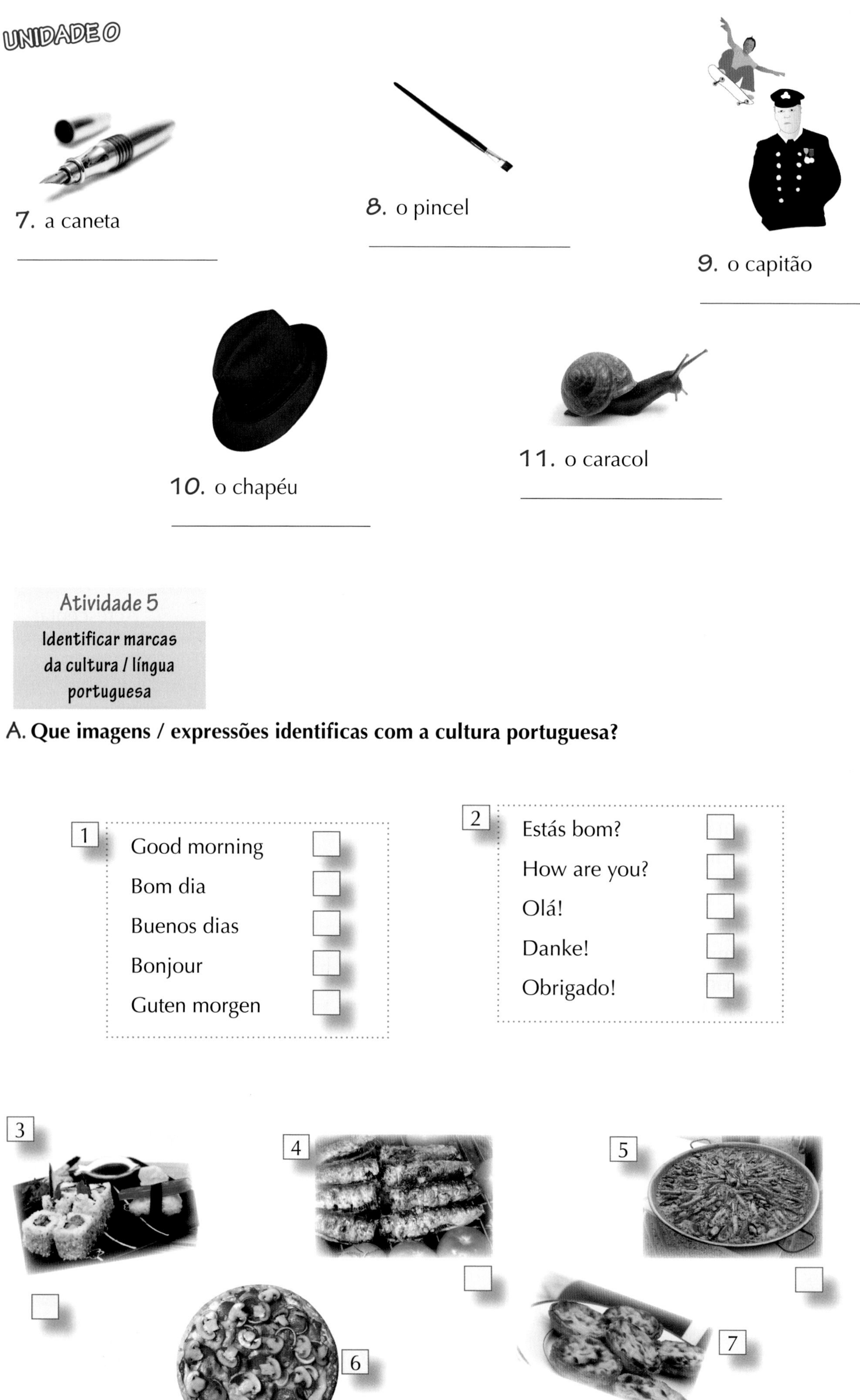

7. a caneta

____

8. o pincel

____

9. o capitão

____

10. o chapéu

____

11. o caracol

____

Atividade 5

Identificar marcas da cultura / língua portuguesa

A. Que imagens / expressões identificas com a cultura portuguesa?

1
- Good morning ☐
- Bom dia ☐
- Buenos dias ☐
- Bonjour ☐
- Guten morgen ☐

2
- Estás bom? ☐
- How are you? ☐
- Olá! ☐
- Danke! ☐
- Obrigado! ☐

3 ☐

4 ☐

5 ☐

6 ☐

7 ☐

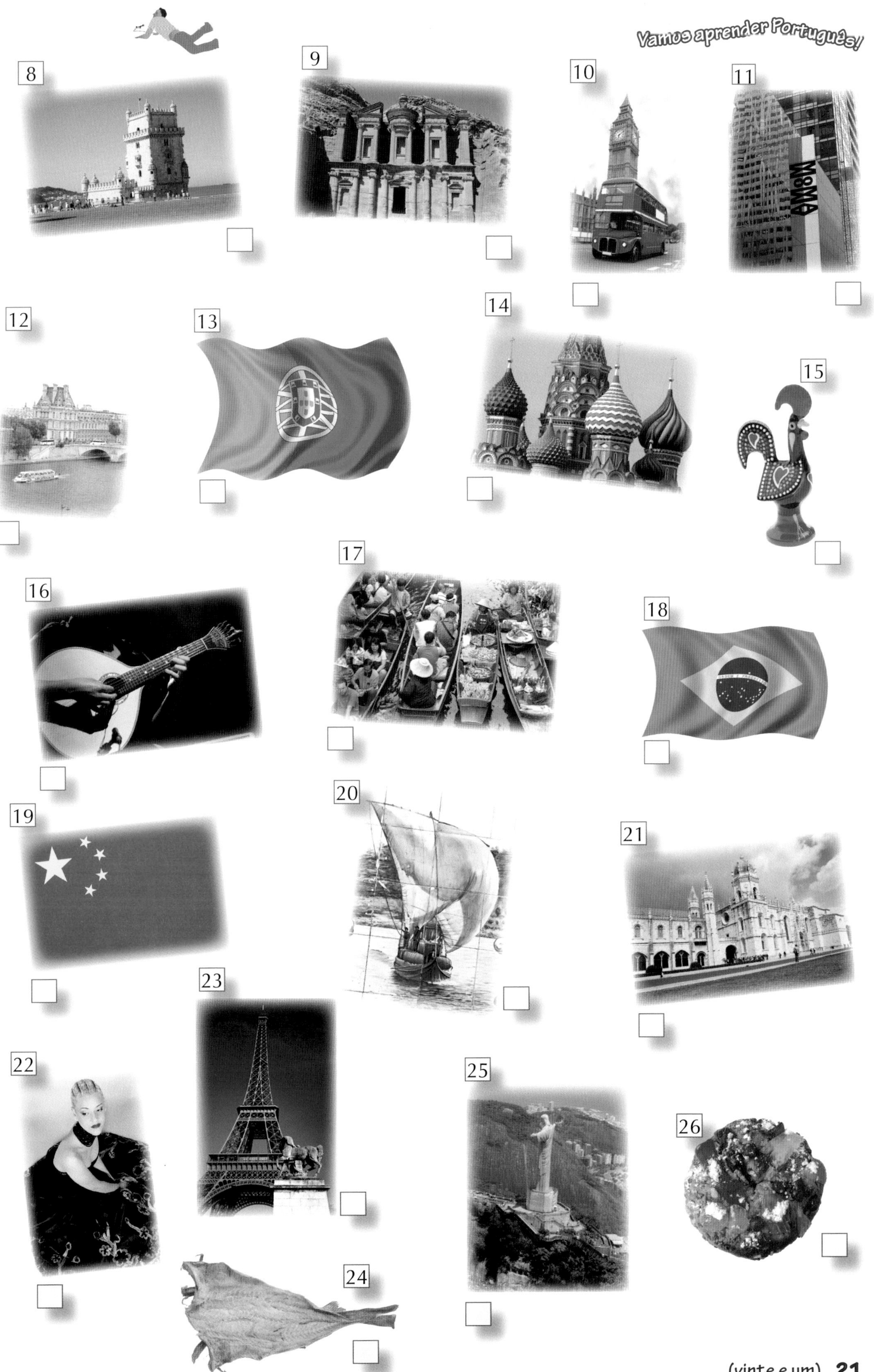
8
9
10
11
MoMA
12
13
14
15
16
17
18
19
20
21
22
23
24
25
26

Trabalho de grupo

Com os teus colegas elabora e ilustra um cartaz com imagens da cultura portuguesa.

Já sou capaz de:

	🙂	😐	🙁
identificar marcas da cultura / língua portuguesa	☐	☐	☐
utilizar o artigo definido e o artigo indefinido	☐	☐	☐
reconhecer o género do nome	☐	☐	☐
reconhecer o número do nome	☐	☐	☐

UNIDADE 1

Olá, amigos!

Vamos aprender a:

- Identificar-se a si e aos outros
- Indicar o país e a nacionalidade
- Dar e pedir informação sobre nomes e apelidos
- Dar e pedir informação sobre morada e telefone
- Indicar a idade e a profissão

Vamos aprender:

- Pronomes pessoais sujeito
- Presente do Indicativo do verbo *Ser*
- Adjetivos
- Preposição *de* e sua contração
- Presente do Indicativo do verbo *Ter*
- Interrogativos: *quem, qual, onde, que, quantos*
- Presente do Indicativo do verbo *Morar*
- Preposição *em* e sua contração

Vamos aprender:

- Nome e apelido
- Nacionalidades
- Cidades e países
- Numerais cardinais
- Profissões

Tarefas

Atividade 1

Ouvir / Ler / Escrever

- Apresentação das personagens

Atividade 2

Estudo da Língua

Secção A
- Pronomes pessoais sujeito
- Presente do Indicativo do verbo *Ser*

Secção B
- Adjetivos

Secção C
- Preposição *de* e sua contração

Atividade 3

Falar / Escrever

- Apresentar-se

Atividade 4

Ouvir / Ler / Escrever

- Texto - *Vanessa Fernandes*
- Responder a questões

Atividade 5

Vocabulário

Secção A
- Numerais cardinais

Atividade 6

Estudo da Língua

Secção D
- Presente do Indicativo do verbo *Ter*

Secção E
- Interrogativos

Secção F
- Presente do Indicativo do verbo *Morar*
- Preposição *em* e sua contração

Atividade 7

Vocabulário

Secção B
- Profissões

Atividade 8

Escrever

- Preencher uma ficha
- Escrever um postal ao Pedro

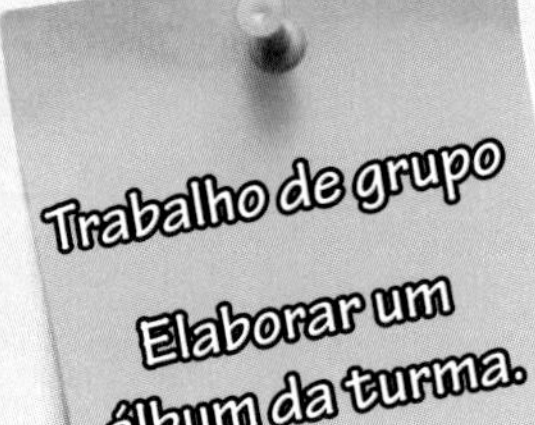
Trabalho de grupo
Elaborar um álbum da turma.

OLÁ!

Ília

João

Yuan

Franz

Pedro

Ana

Atividade 1

Ouvir / Ler / Escrever

A. **Ouve o Pedro e lê o que ele diz.**

Olá! Eu sou o Pedro! Sou português. Sou de Portugal. Moro em Lisboa. E tu?

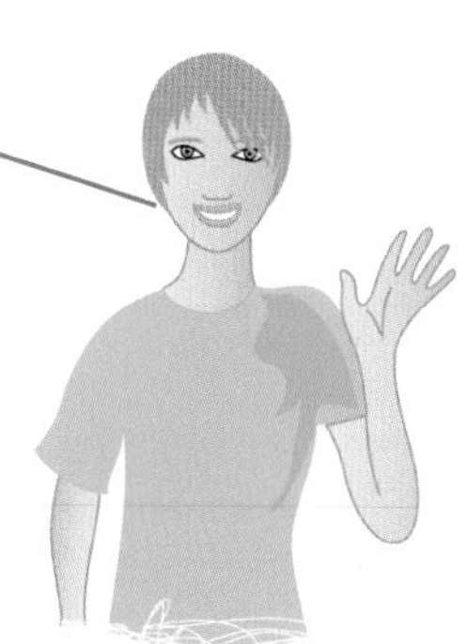

B. **Agora apresenta-te:**

Eu sou o / a ______________________________.

Sou de ______________________________ **e moro**

______________________________.

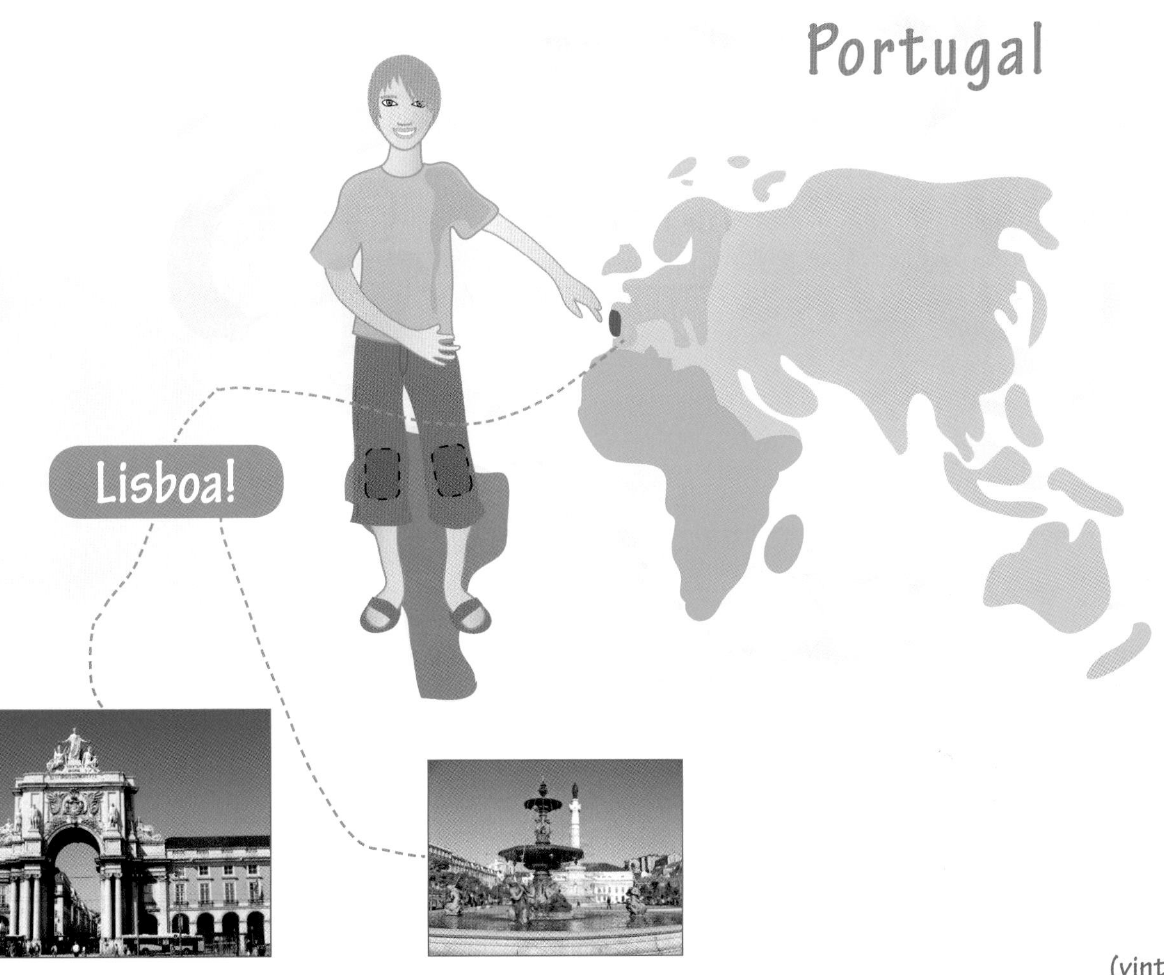

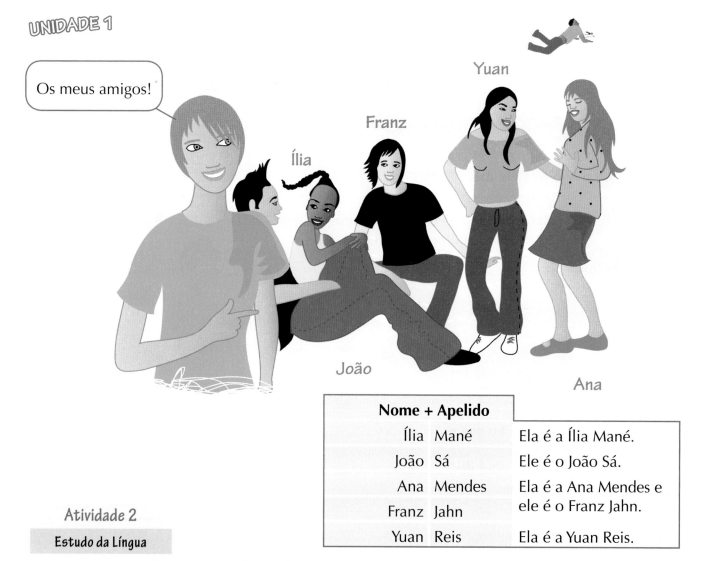

Os meus amigos!

Yuan

Franz

Ília

João

Ana

Nome + Apelido		
Ília	Mané	Ela é a Ília Mané.
João	Sá	Ele é o João Sá.
Ana	Mendes	Ela é a Ana Mendes e ele é o Franz Jahn.
Franz	Jahn	
Yuan	Reis	Ela é a Yuan Reis.

Atividade 2

Estudo da Língua

Secção A – Pronomes pessoais sujeito Presente do Indicativo do verbo *Ser*

A. **Ouve e lê o que os amigos do Pedro dizem. Repara nas palavras destacadas.**

Bom dia! Eu ***sou*** checo e ***sou*** de Praga.
Até logo!

Boa tarde! Eu ***sou*** senegalesa e ***sou*** de Dacar.
Até amanhã!

Está tudo bem? Eu ***sou*** chinesa e ***sou*** de Macau. Adeus!

Olá! Eu ***sou*** português e ***sou*** do Porto. Até já!

Olá! Eu também ***sou*** portuguesa e ***sou*** de Lisboa. Até logo!

Presente do Indicativo do verbo *Ser*

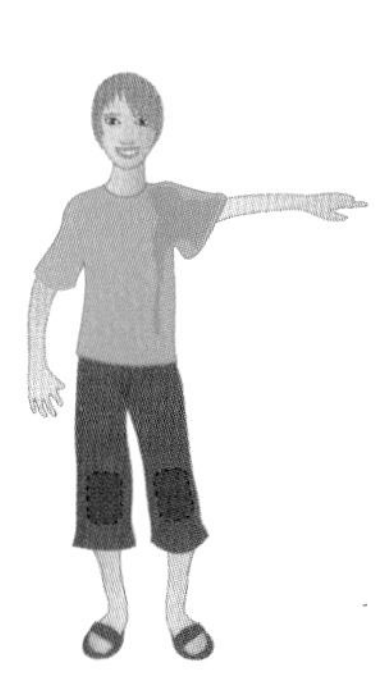

O verbo ser serve para:

- Identificar-se a si e aos outros
- Indicar o país e a nacionalidade
- Dar e pedir informação sobre nomes e apelidos
- Indicar a profissão

Pronomes pessoais sujeito	Afirmativa	Negativa
eu	sou	não sou
tu	és	não és
ele, ela, você, o senhor, a senhora	é	não é
nós	somos	não somos
eles, elas, vocês, os senhores, as senhoras	são	não são

B. **Completa o seguinte diálogo.**

Tu: ______________________________!
Ília: Olá! Eu sou a Ília. E tu?
Tu: ______________________________. De onde és tu?
Ília: Eu sou do Senegal. E tu, és de Lisboa?
Tu: Não, ______________________________. Sou de ______________________________. E tu?
Ília: Eu sou de Dacar. Sou senegalesa e o Pedro?
Tu: Ele ______________________________ português.
Ília: E a Yuan? Ela é japonesa?
Tu: Não, ______________________________. Ela é ______________________________.

C. Pessoas famosas de Portugal!
Quem são? Segue o exemplo:

Mariza
Paula Rego
Nani
Vanessa Fernandes
Moonspell
Maria de Medeiros
Xutos & Pontapés
Just Girls

Exemplo:

1. ***Ela é a Mariza.***
2. **Eles são os** ______________________.
3. **Elas são** ______________________.
4. **Ela é** ______________________.
5. **Ele é** ______________________.
6. **Eles são** ______________________.
7. **Ela é** ______________________.
8. **Ela é** ______________________.

Secção B – Adjetivos

A. Lê as frases e observa as palavras destacadas.

A Ília é ***senegalesa***.
O Pedro é ***português***.
Os Terrakota são ***portugueses***.

Adjetivos (Nacionalidades)

País	Adjetivos			
	singular		plural	
	masculino	feminino	masculino	feminino
França	francês	francesa	franceses	francesas
Inglaterra	inglês	inglesa	ingleses	inglesas
China	chinês	chinesa	chineses	chinesas
Japão	japonês	japonesa	japoneses	japonesas
Dinamarca	dinamarquês	dinamarquesa	dinamarqueses	dinamarquesas
Noruega	norueguês	norueguesa	noruegueses	norueguesas
Portugal	português	portuguesa	portugueses	portuguesas
Rússia	russo	russa	russos	russas
Polónia	polaco	polaca	polacos	polacas
Suécia	sueco	sueca	suecos	suecas
Itália	italiano	italiana	italianos	italianas
Argentina	argentino	argentina	argentinos	argentinas
Chile	chileno	chilena	chilenos	chilenas
Cuba	cubano	cubana	cubanos	cubanas
Alemanha	alemão	alemã	alemães	alemãs
Espanha	espanhol	espanhola	espanhóis	espanholas
Brasil	brasileiro	brasileira	brasileiros	brasileiras
Estados Unidos da América	americano	americana	americanos	americanas

B. **Agora, com o teu colega, constrói diálogos. Segue o exemplo.**

A: Ela é francesa?
B: Não. Ela é japonesa.
A: Eles são ingleses?
B: Sim. Eles são ingleses.

C. **Neste quadro estão 14 letras (a c e g h i l m n o p s ã ê). És capaz de encontrar 4 nacionalidades que se escrevem com estas letras? Vê se o teu colega encontrou as mesmas.**

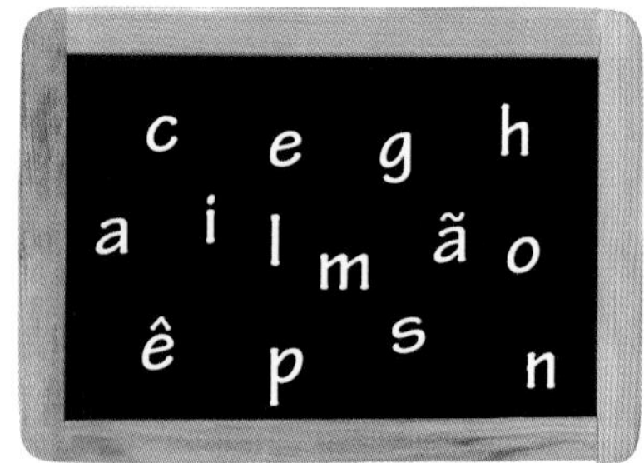

D. **Completa o quadro. Segue o exemplo.**

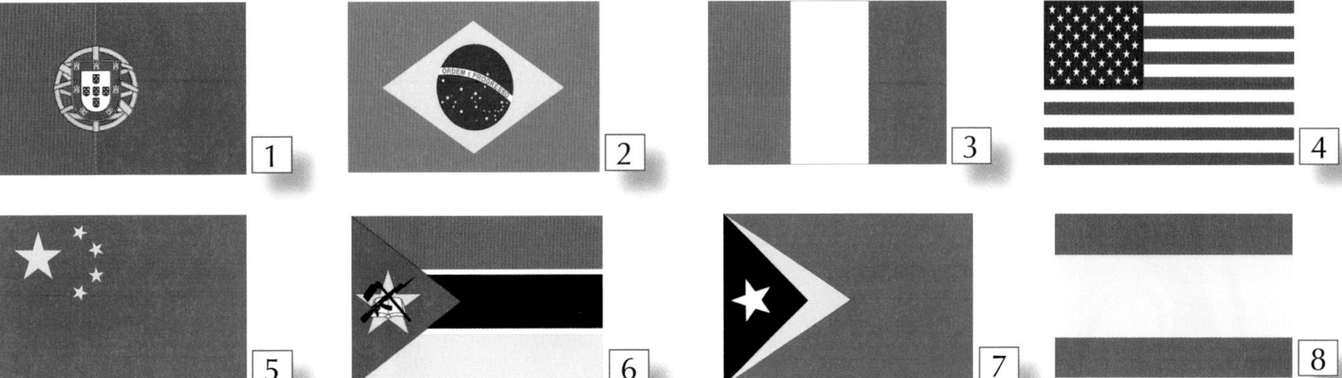

Bandeira	País	Capital	Nacionalidade	Língua
1	Portugal	Lisboa	portuguesa	português
2				
3	Itália			
4				inglês
5				
6				
7				
8				

E. **Escreve frases seguindo o exemplo.**

1. Olá! Eu sou o Andrew. Eu sou de Nova Iorque. Sou dos Estados Unidos e sou americano.

1

2

3

F. **Agora com o teu colega imagina e constrói diálogos a partir das imagens. Segue o exemplo:**

Imagem 1

A: Eu sou o Piet. E tu?
B: Eu sou o Nelson, sou da África do Sul, sou da Cidade do Cabo.
E tu?
A: Eu sou da Holanda, de Amesterdão.

Nelson / África do Sul

Piet / Holanda

1

Heidi / Alemanha

Daniela / Brasil

Padma / Índia

2

Maria / Peru

Hans / Suíça

3

Frederik / Noruega

Paloma / Espanha

Anna / Rússia

4

Secção C – Preposição *de* e sua contração

A. **Lê e observa as palavras destacadas.**

A Yuan é ***da*** China.
O Franz é ***de*** Praga.
A Ília é ***do*** Senegal.

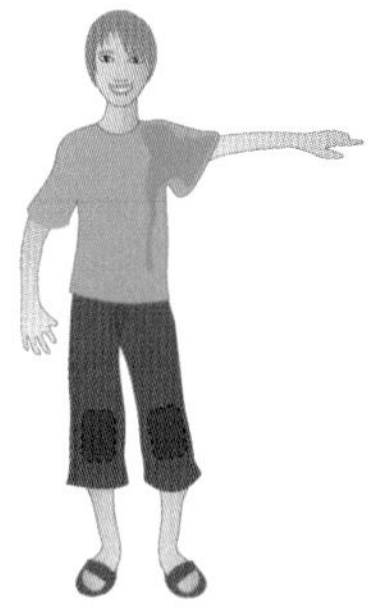

Preposição *de* e sua contração
Indica a origem ou a proveniência.

A origem de alguém
de + nome de cidade / país

Exemplos:
Eu sou de Lisboa.
Tu és do Porto.
Ele é de Luanda.
Ela é da Figueira da Foz.
Nós somos de Roma.
Vocês são do Rio de Janeiro.
Eles são da Amadora.
Elas são do Estoril.

Preposição + artigo definido
de / do / da / dos / das + nome de país

de	**(o, a, os, as)**
de +	o = do
de +	a = da
de +	os = dos
de +	as = das

Exemplos:
Eu sou da Alemanha.
Tu és do Japão.
Ele é da Nigéria.
Ela é das Bahamas.
Nós somos da Rússia.
Vocês são da Ucrânia.
Eles são dos Estados Unidos.
Elas são da Índia.

mas

Eu sou de Portugal.
Tu és de Angola.
Ele é de Moçambique.
Ela é de Cabo Verde.
Nós somos de São Tomé e Príncipe.
Vocês são de Timor-Leste.
Eles são de Marrocos.
Elas são de Espanha.

B. **Observa as imagens e constrói diálogos com o teu colega. Segue o exemplo:**

1

A: De onde é ele?
B: Ele é do Brasil.

2

A: De onde é esta bandeira?
B: É da Guiné-Bissau.

Imagem 3

3

4

Imagem 4

5

Imagem 5

6

Imagem 6

Imagem 7

7

Quem é o Rui Veloso?

C. **Lê a ficha pessoal dele.**

Nome: Rui
Apelido: Veloso
Idade: 51 anos
Profissão: músico
Cidade: Porto
País: Portugal
Nacionalidade: Portuguesa
Língua: Português

Agora faz a correspondência entre as perguntas e as respostas.

A	B
1. Quem é ele?	a) É de Portugal.
2. Qual é a nacionalidade dele?	b) Ele é português.
3. De onde é ele?	c) É músico.
4. Qual é a cidade dele?	d) É o Rui Veloso.
5. Qual é a língua do Rui Veloso?	e) É o Porto.
6. Quantos anos tem?	f) É a língua portuguesa.
7. Qual é a profissão do Rui?	g) Tem 51 anos.

Atividade 3

Falar / Escrever

A. **Completa esta ficha com os teus dados pessoais.**

Nome:
Profissão:
Cidade:
País:
Nacionalidade:
Língua:

Agora apresenta-te aos teus colegas. Segue o exemplo.

Exemplo:
O meu nome é...

Atividade 4

Ouvir / Ler / Escrever

Vanessa

A. **Ouve e lê o texto que está na página da Vanessa na *net*.**

Olá! Bom dia a todos! Estão bons? Eu sou a Vanessa Fernandes. Sou portuguesa e moro em Gaia.
Sou campeã mundial de triatlo e sou atleta do Sport Lisboa e Benfica. Tenho 21 anos, 1,68 cm de altura e 57 kg. Os meus treinadores são o Sérgio Santos e o António Jourdan. Tenho uma página na Internet - *www.vanessafernandes.net.*

Muito prazer e até breve!

B. **Responde às seguintes perguntas.**

1. Quem é a Vanessa Fernandes?
2. Qual é o apelido dela?
3. A Vanessa é do Futebol Clube do Porto?
4. Qual é a modalidade da Vanessa?
5. Que idade tem?
6. Qual é o endereço da página da Vanessa na *net?*

Atividade 5

Vocabulário

Secção A - Numerais cardinais

A. **Ouve e lê os números.**

0 zero

1 um

2 dois

3 três

4 quatro

5 cinco

6 seis

7 sete

8 oito

9 nove

10 dez

11 onze

12 doze

13 treze

14 catorze

15 quinze

16 dezasseis

17 dezassete

18 dezoito

19 dezanove

20 vinte

21 vinte e um

22 vinte e dois

23 vinte e três

24 vinte e quatro

25 vinte e cinco

26 vinte e seis

27 vinte e sete

28 vinte e oito

29 vinte e nove

30 trinta

31 trinta e um

32 trinta e dois

33 trinta e três

34 trinta e quatro

35 trinta e cinco

36 trinta e seis

37 trinta e sete

38 trinta e oito

39 trinta e nove

40 quarenta

41 quarenta e um

42 quarenta e dois

43 quarenta e três

44 quarenta e quatro

45 quarenta e cinco

46 quarenta e seis

47 quarenta e sete

48 quarenta e oito

49 quarenta e nove

50 cinquenta

B. Observa as imagens e escreve por extenso o número de cada um dos elétricos.

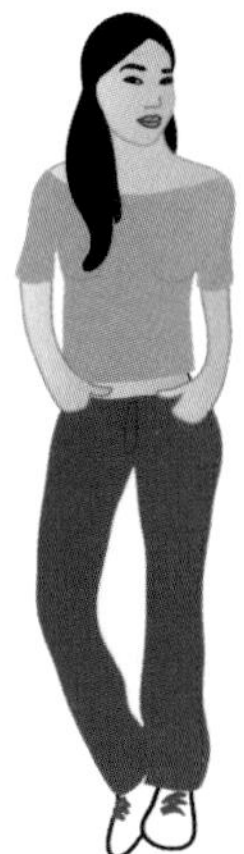

C. A Ana quer saber os números dos telemóveis dos amigos. Escreve por extenso os números que ouves. Segue o exemplo.

Pedro
96 421 62 00

nove, seis, quatro,

dois, um, seis,

dois, zero, zero

Franz
93 251 61 71

Ília
91 418 72 64

Yuan
93 456 71 80

João
96 321 98 72

Secção D – Presente do Indicativo do verbo Ter

A. Lê a frase e observa as palavras destacadas.

A Vanessa Fernandes ***tem*** 21 *anos* e o Rui Veloso ***tem*** 51 *anos*.

Presente do Indicativo do verbo Ter

Pronomes pessoais	Afirmativa	Negativa
eu	tenho	não tenho
tu	tens	não tens
ele, ela, você, o senhor, a senhora	tem	não tem
nós	temos	não temos
eles, elas, vocês, os senhores, as senhoras	têm	não têm

Secção E – Interrogativos

A. Lê as seguintes frases e observa as palavras destacadas.

Quem **é** a Yuan?
Quantos anos tem?

- **Chamam-se interrogativos as palavras empregues para formular uma pergunta.**

Interrogativos	Exemplos
Quem? (emprega-se só para pessoas ou seres personificados)	Quem é ele?
Qual? / Quais?	Qual é a tua profissão?
Onde?	Onde mora a Vanessa?
(De) onde?	De onde é o Rui Veloso?
Como?	Como é a Vanessa?
Que?	Que idade tens tu ?
Quanto / quantos? / Quanta / quantas?	Quantos anos tem o Pedro? Quantas irmãs tem ele?

B. **Constrói diálogos com o teu colega. Segue o exemplo:**

Exemplo:

A: Quem é ela?
B: Ela é a Mariza.
A: Quantos anos tem a Mariza?
B: Tem 35 anos.

1

Mariza / 35 anos

2

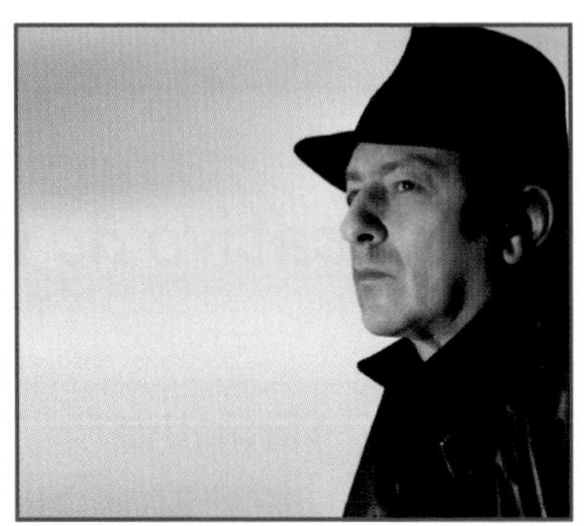

Jorge Palma / 59 anos

3

Catarina Furtado / 37 anos

4

Nelson Évora / 25 anos

5

Luís Figo / 37 anos

6

Fátima Lopes / 44 anos

C. **Ouve e lê o seguinte texto.**

O Pedro

Cá estou eu! Olá! Eu sou o Pedro Soares. Sou português e sou aluno do 9º ano, da turma A da Escola Básica 2.3 de Nuno Gonçalves. Moro em Lisboa com os meus pais e irmãos. Tenho 15 anos e tenho dois irmãos.

D. **Faz perguntas de acordo com as respostas.**

1. ______________________? Sou o Pedro.
2. ______________________? O meu apelido é Soares.
3. ______________________? Sou de Portugal.
4. ______________________? É a Nuno Gonçalves.
5. ______________________? Sou do 9º A.
6. ______________________? Tenho 15 anos.
7. ______________________? Dois irmãos.

Secção F – Presente do Indicativo do verbo *Morar*

A. **Lê a frase e observa as palavras destacadas.**

O José Mourinho ***mora*** *em* Milão.
Os Da Weasel ***moram*** *em* Almada.

O verbo *morar* exige sempre a preposição *em*.

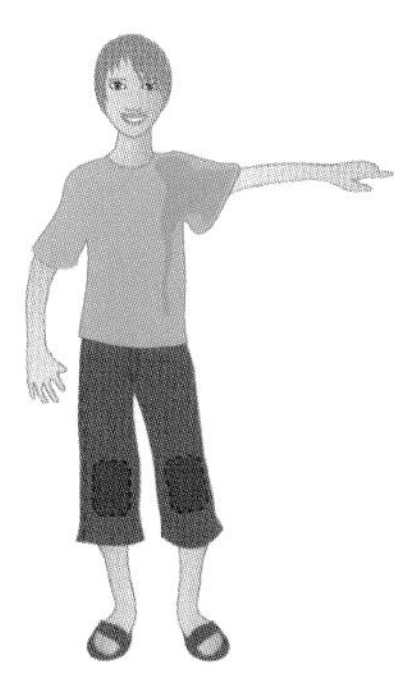

Pronomes pessoais sujeito	Afirmativa
eu	moro
tu	moras
ele, ela, você, o senhor, a senhora	mora
nós	moramos
eles, elas, vocês, os senhores, as senhoras	moram

Preposição *em* e sua contração

Preposição *em* indica local.

Exemplo:

Eu moro em Lisboa.
Tu moras em Madrid.

Contração da preposição *em*

Exemplos:

Ele mora no Porto.
Tu moras na Rua Serpa Pinto.
Eles moram nas Avenidas Novas.
Nós moramos nos arredores de Lisboa.

Preposição + artigo definido

em	**(o, a, os, as)**
em +	o = no
em +	a = na
em +	os = nos
em +	as = nas

B. **Todas estas frases têm um erro. Assinala-o e corrige-as.**

1. O João moras no Algarve.

____

2. Eu não mora em Coimbra.

____

3. A Yuan moram em Lisboa.

____

4. Nós moram na Rua Luís de Camões.

____

5. Eles moramos na Avenida da Liberdade.

____

6. Os senhores não mora no Bairro Azul.

____

C. **Escolhe a alternativa correta.**

1. O Hans mora ________ Berlim.

a) no ☐
b) em ☐
c) na ☐

2. Ela mora ________ Centro.

a) em ☐
b) no ☐
c) na ☐

3. Nós moramos ________ Bairro Madre de Deus.

a) em ☐
b) no ☐
c) na ☐

4. A Sofia e a Ana moram ________ Avenida da República.

a) no ☐
b) em ☐
c) na ☐

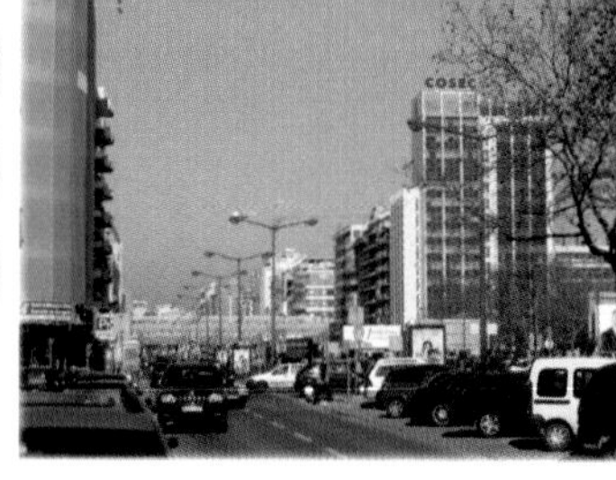

5. A Silvie mora ________ arredores de Lisboa.
   a) em ☐
   b) na ☐
   c) nos ☐

6. A D. Luísa mora ________ Rua Óscar Torres.
   a) na ☐
   b) em ☐
   c) no ☐

Atividade 7

Vocabulário

Secção B – Profissões

A. **Observa as imagens e identifica a profissão.**

secretária
professora
polícia
médica
bombeiro
piloto
empregado de mesa
veterinária
estudantes

Imagem 1

Ela é ____________ .

1

2

3

4

5

6

7

8

9

B. **Lê as informações e constrói diálogos.
Segue o exemplo.**

A: Qual é o apelido do António?
B: O apelido é Sousa.
A: Qual é a profissão dele?
B: É professor de Matemática.
A: Que idade tem?
B: Tem 50 anos.
A: Onde mora?
B: Em Coimbra.
A: Qual é a nacionalidade dele?
B: Ele é português.

1

**António Sousa
Professor de Matemática
50 anos
Coimbra
Português**

**Marina Ramos
Farmacêutica
46 anos
Porto
Portuguesa**

2

3

**Sara Pinto
Empregada de balcão
33 anos
Faro
Portuguesa**

4

**Ahmed Yassin
Estudante universitário
22 anos
Jaipur
Indiano**

5

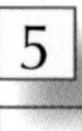

**Rita Vaz
Médica
31 anos
Maputo
Moçambicana**

6

**Yuan Tung
Aluna do 8º ano
14 anos
Macau
Chinesa**

7

**Daiane Ribeiro
Técnica de som
27 anos
São Salvador da Baía
Brasileira**

Atividade 8

Escrever

A. A Ana está no clube de línguas da escola. Esta é a sua ficha de inscrição.
Lê a ficha da Ana e preenche a outra com os teus dados.

Nome: *Ana*
Apelido: *Mendes*
Idade: *16 anos*
Sexo: *Feminino*
Data de nascimento: *24 de Abril de 1994*
Nacionalidade: *Portuguesa*
Língua Materna: *Português*
Local de nascimento: *Aveiro*
Filiação:
Nome do pai: *Manuel Mendes*
Nome da mãe: *Inês Fonseca Mendes*
Profissão do pai: *Professor*
Profissão da mãe: *Enfermeira*
Número de irmãos: *2*
Morada: *Avenida Lopes Graça nº 3 2º Esquerdo, 1500-059 Lisboa*
Telefone: *21 755 32 10*

Nome:
Apelido:
Idade:
Sexo:
Data de nascimento:
Nacionalidade:
Língua Materna:
Local de nascimento:
Filiação:
Nome do pai:
Nome da mãe:
Profissão do pai:
Profissão da mãe:
Número de irmãos:
Morada:

Telefone:

B. **Escreve um postal ao Pedro sobre ti e apresenta-te.**

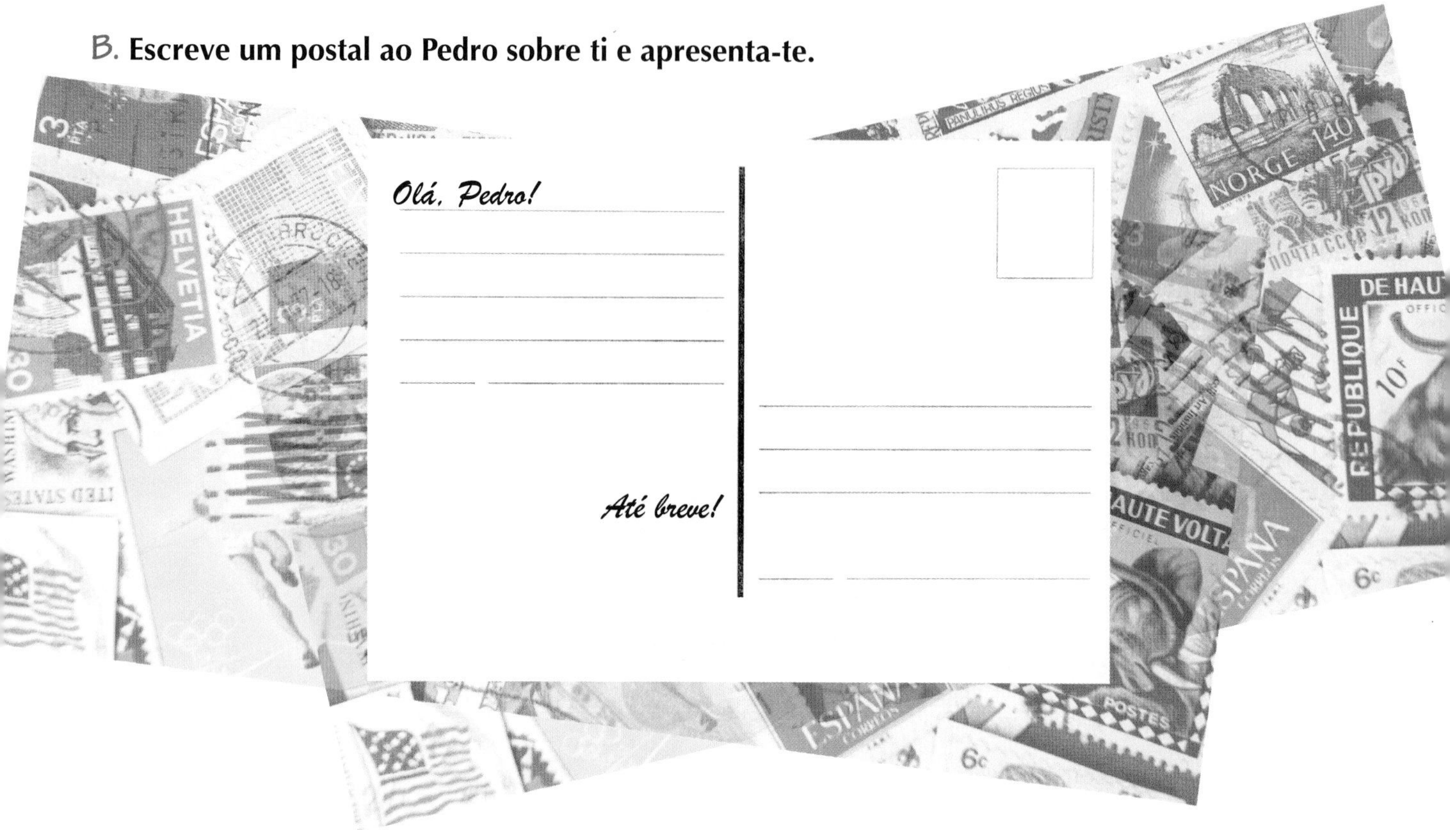

Olá, Pedro!

Até breve!

Trabalho de grupo

Elabora, com os teus colegas, um álbum da turma com a identificação de todos os alunos. Podem colocar as vossas fotografias.

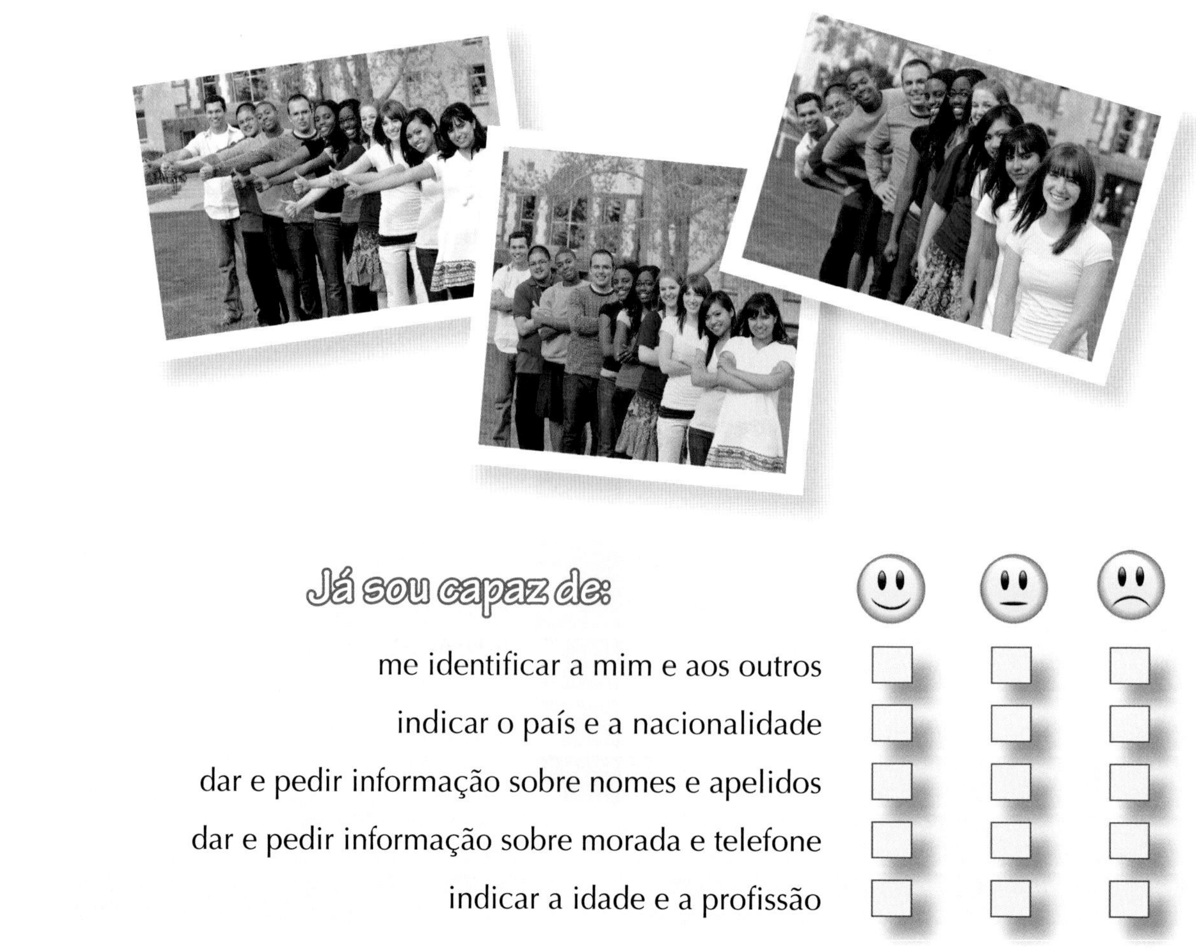

Já sou capaz de:

	🙂	😐	🙁
me identificar a mim e aos outros	☐	☐	☐
indicar o país e a nacionalidade	☐	☐	☐
dar e pedir informação sobre nomes e apelidos	☐	☐	☐
dar e pedir informação sobre morada e telefone	☐	☐	☐
indicar a idade e a profissão	☐	☐	☐

UNIDADE 2

A minha família e os meus amigos

Vamos aprender a:

- Identificar e indicar os graus de parentesco / descrever a família
- Indicar posse
- Perguntar e indicar a data / os dias da semana
- Descrever pessoas
- Indicar o estado do tempo / as estações do ano

Vamos aprender:

- Graus de parentesco
- Datas / dias da semana
- Adjetivos
- Cores
- Estado do tempo
- Estações do ano

Vamos aprender:

- Determinantes possessivos
- Preposições – situar ações no tempo
- Contração das preposições *em, de, a*
- Adjetivo

Tarefas

Atividade 1

Vocabulário

Secção A
- Graus de parentesco

Atividade 2

Estudo da Língua

Secção A
- Determinantes possessivos

Atividade 3

Vocabulário

Secção B
- Dias da semana
- Meses
- Datas de aniversário

Secção C
- Estado do tempo
- Estações do ano

Atividade 4

Estudo da Língua

Secção B
- Preposições – situar ações no tempo
- Contração das preposições *em, de, a*

Atividade 5

Vocabulário

Secção D
- Cores
- Descrever pessoas
- Características físicas

Atividade 6

Estudo da Língua

Secção C
- Adjetivo – concordância em género e número

Atividade 7

Escrever

Fazer o retrato do melhor amigo / amiga

Trabalho de grupo
Fazer o retrato das famílias reais.

Atividade 1
Vocabulário

Secção A – Graus de parentesco

marido	filho	avô
mulher	filha	avó
pai	irmão	neto
mãe	irmã	neta

tio	cunhado	sogro
tia	cunhada	sogra
primo	sobrinho	genro
prima	sobrinha	nora

avó + avô = avós
mãe + pai = pais
filha + filho = filhos
irmã + irmão = irmãos
neta + neto = netos
tia + tio = tios
prima + primo = primos
cunhada + cunhado = cunhados
sobrinha + sobrinho = sobrinhos
sogra + sogro = sogros

A. **Ouve e completa a árvore genealógica.**

B. **Verdadeiro ou Falso?**

	V	F
1. A Teresa é a avó da Yuan.		
2. O Zhi Wang é o pai do João Wang.		
3. A Paula é a tia da Yuan.		
4. O João é o pai do Fuming e da Yuan.		
5. O Zhi é o primo da Yuan.		
6. O João Wang é o marido da Paula Wang.		
7. A Teresa é cunhada da Paula.		
8. O Zhi é genro do João.		

C. Esta é a família da Ana. Indica as relações de parentesco. Escreve frases seguindo o exemplo:

Exemplo:
O Jorge é o avô da Ana, do Rui e da Marta.

Olha! Esta é a minha família.

Fernanda
Jorge
Inês
Manuel
Eduardo
Sofia
Ana
Rui
Marta
Vasco
Isabel

ADIVINHA

Tenho um tio
Que é meu tio;
O meu tio tem um irmão
O meu tio é meu tio
E o irmão do meu tio não.
Quem é?

D. **Escreve num papel 6 nomes de pessoas da tua família. O teu colega lê os nomes e faz perguntas.**

Segue o exemplo:

Exemplo:	Exemplo:
Maria Paulo	**A:** Quem é a Maria? **B:** É a minha prima, filha da minha tia Rita. **A:** E o Paulo? **B:** É o meu tio, o irmão do meu pai.

Atividade 2

Estudo da Língua

Secção A – Determinantes possessivos

A. **Lê com atenção as palavras destacadas.**

O ***meu*** pai é alto.
A ***minha*** mãe é magra.
O ***teu*** irmão tem cabelo preto.
O tio ***deles*** tem olhos verdes.

B. **Observa as palavras em itálico e completa as frases com as palavras adequadas do quadro.**

depois posse possuidor antecedido

1. O determinante possessivo indica ________________ e refere-se ao ________________ .

2. O determinante possessivo é ________________ pelo artigo definido.

Determinantes possessivos

		Singular		
		Masculino		**Feminino**
Pronomes pessoais sujeito	**Artigo definido**	**Possessivo + nome**	**Artigo definido**	**Possessivo + nome**
eu	o	meu pai	a	minha mãe
tu	o	teu tio	a	tua tia
ele, ela, você, o senhor, a senhora	o	seu filho	a	sua prima
nós	o	nosso primo	a	nossa filha
vocês, os senhores, as senhoras	o	vosso genro	a	vossa cunhada
eles, elas	o	seu neto	a	sua neta

Mas também se pode dizer... (é mais informal)

		Masculino		**Feminino**
Pronomes pessoais sujeito	**Artigo definido**	**Nome + possessivo**	**Artigo definido**	**Nome + possessivo**
ele, ela	o	avô dele	a	irmã dela
eles, elas	o	primo deles	a	prima delas

		Plural		
		Masculino		**Feminino**
Pronomes pessoais sujeito	**Artigo definido**	**Possessivo + nome**	**Artigo definido**	**Possessivo + nome**
eu	os	meus pais	as	minhas filhas
tu	os	teus tios	as	tuas tias
ele, ela, você, o senhor, a senhora	os	seus filhos	as	suas primas
nós	os	nossos primos	as	nossas filhas
vocês, os senhores, as senhoras	os	vossos genros	as	vossas cunhadas
eles, elas	os	seus netos	as	suas netas

Mas também se pode usar... (é mais informal)

		Masculino		**Feminino**
Pronomes pessoais sujeito	**Artigo definido**	**Nome + possessivo**	**Artigo definido**	**Nome + possessivo**
ele, ela	os	avós dele	as	irmãs dela
eles, elas	os	primos deles	as	primas delas

Artigo definido + possessivo + nome

O determinante possessivo concorda em género e número com o objeto / a pessoa a que se refere.

Exemplo:
O meu tio.

C. Usa o artigo definido e o determinante possessivo adequados.

Exemplo:
(Eu) / casa A minha casa.

1. (Eu) / irmão ________________

2. (Tu) / tios ________________

3. (Nós) / avós ________________

4. (Ele) / avô ________________

5. (Vocês) / cunhados ________________

6. (Eu) / gato ________________

7. (Ela) / cão ________________

8. (Elas) / amigos ________________

9. (Nós) / direção ________________

10. (Vocês) / escola ________________

11. (Eles) / carro ________________

D. Completa as frases de acordo com o exemplo.

Exemplo:
Nós temos dois gatos em casa. São ________________ gatos.
Nós temos dois gatos em casa. São os nossos gatos.

1. Tu tens um computador. É ________________ .

2. Vocês têm uma bicicleta gira. É ________________ .

3. Nós temos dois gatos e um cão. São ________________ .

4. A mãe do Pedro tem uma casa bonita. É ________________ .

5. Eles têm uns óculos modernos. São ______________________ .

6. Os avós da Ana têm uma quinta no Alentejo. É ______________________ .

Atividade 3

Vocabulário

Secção B – Dias da semana, meses e datas de aniversário

dias da semana		meses
segunda-feira	(2ª)	janeiro
terça-feira	(3ª)	fevereiro
quarta-feira	(4ª)	março
quinta-feira	(5ª)	abril
sexta-feira	(6ª)	maio
sábado	(Sáb.)	junho
domingo	(Dom.)	julho
		agosto
		setembro
		outubro
		novembro
		dezembro

A. **Ouve e lê o seguinte diálogo. Aqui estão os nomes e as datas de aniversário do Pedro e de alguns amigos. Faz a correspondência entre os nomes e as datas. Duas delas não são referidas.**

Pedro: Ana, qual é o dia do teu aniversário?
Ana: É o dia 24 de abril. E o teu, Pedro?
Pedro: É o dia 14 de maio. E tu, Ília?
Ília: O meu dia de anos é a 2 de junho. Faço 15 anos. E tu, João? Fazes anos em agosto?
João: Não. Eu faço 14 no dia 30 de julho.

Datas de aniversário

1. 24 de maio
2. 30 de julho
3. 24 de abril
4. 2 de junho
5. 14 de maio
6. 30 de julho

Nomes

a) João
b) Pedro
c) Ana
d) Ília

B. **Quando é que fazes anos?** ______________________

C. **Ouve e repete a lengalenga.**

30 dias tem abril, junho,
setembro e novembro,
Com 28 só há um,
fevereiro
E mais nenhum, o resto
tem 31.

D. **Assinala os dias da semana, os meses e as datas que ouves.**

maio	×	domingo		3ª feira	
abril		25 de dezembro		janeiro	
3 de março		fevereiro		10 de junho	
11 de julho		2ª feira		4ª feira	

6 de agosto		dezembro		outubro	
sábado		2 de novembro		março	
17 de setembro		5 de junho		5ª feira	
6ª feira		15 de dezembro		1 de janeiro	

E. **Agora responde:**

1. Que dia da semana é hoje? ______________________________

2. Quantos são hoje? ______________________________

Secção C – Estado do tempo / Estações do ano

O estado do tempo

- sol, calor, vento, chuva, frio, nevoeiro
- granizo, geada
- um dia frio / quente / ventoso / chuvoso

A. Faz a correspondência entre as imagens e os nomes.

neve	
sol	
chuva	
nevoeiro	
vento	

B. Observa as imagens e identifica a estação do ano.

Estações do ano
verão primavera inverno outono

1. ______________ 2. ______________ 3. ______________ 4. ______________

C. Completa com o nome dos meses. Segue o exemplo:

> Exemplo:
>
> Em Portugal, a primavera começa em março e termina em junho.

1. O verão começa em ______________ e termina em ______________ .

2. Em Portugal, o outono começa em ______________ e termina em ______________ .

3. O inverno começa em ______________ e termina em ______________ .

D. Em que estação do ano é o teu aniversário? ______________________

Atividade 4

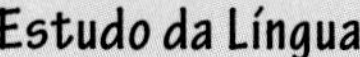

Estudo da Língua

Secção B – Preposições – Situar ações no tempo

Contração das preposições *em*, *de*, *a*

A. **Lê as frases seguintes e observa as palavras destacadas.**

O meu aniversário é ***em*** janeiro. É ***no*** dia 21 de janeiro.
Eu tenho aulas ***à*** segunda-feira ***de*** manhã e ***de*** tarde.
Não tenho aulas ***ao*** domingo.

B. **Completa a frase seguinte com a palavra adequada.**

verbos
preposições

As palavras destacadas são ____________________ .

Preposições			
em	**em + o / a = no / na**	**de**	**a + o / a = ao / à a + os / as = aos / às**
setembro	na segunda-feira	manhã	à segunda-feira
janeiro	na terça-feira	tarde	à quarta-feira
2001	na quarta-feira		ao sábado
2007	na quinta-feira		ao domingo
	na sexta-feira		às quintas-feiras
	no sábado		aos domingos
	no domingo		à uma hora
	no fim de semana		ao meio-dia / à meia-noite
	no dia 28 de agosto		às duas horas
	no dia 1 de março		à tarde
			à noite

C. **Completa os espaços com a preposição correta.**

1. ____________________ domingo.

2. ____________________ novembro.

3. ____________________ fim de semana.

4. ____________________ dia 14 de junho.

5. ____________________ manhã.

6. ____________________ quinta-feira.

7. ____________________ uma hora.

8. ____________________ meia-noite.

9. ____________________ quatro horas.

10. ____________________ seis e meia.

D.

1. Ouve a lengalenga.

O rapaz dos sete ofícios

Sou mecânico à 2ª feira
Sou bombeiro à 3ª feira
À 4ª feira sou um pirata
Com uma espada de lata
Astronauta de primeira
É o que sou à 5ª feira
À 6ª feira sou grande chefe
Ao sábado sou *cowboy*
E ao domingo sou herói

2. Verdadeiro ou Falso?

	V	F
1. O rapaz tem sete profissões.	☐	☐
2. Ele é pirata à segunda-feira.	☐	☐
3. Ele é astronauta à quinta-feira.	☐	☐
4. Ao sábado, ele é bombeiro.	☐	☐
5. Ele é um herói ao domingo.	☐	☐

Atividade 5

Vocabulário

Secção D – Cores

Cores

1. amarelo
2. preto
3. violeta
4. cor de laranja
5. castanho
6. cor de rosa
7. branco
8. azul
9. vermelho / encarnado
10. cinzento
11. verde
12. roxo

A. **Observa as camisolas das várias equipas de futebol. Responde às perguntas.**

1. De que cor é a camisola do Chelsea? ______________________

2. Quais são as cores da camisola do Betis? ______________________

3. A camisola do Benfica é verde? ______________________

Descrever pessoas / Características físicas

Verbo TER	**cabelo:** curto, comprido, liso, encaracolado, ondulado **cor do cabelo:** louro, ruivo, castanho, preto, branco, grisalho **penteado:** franja, tranças, risco ao meio, risco ao lado **cara:** redonda, oval, comprida **cor dos olhos:** castanhos, pretos, verdes, azuis **olhos:** redondos, pequenos, grandes, rasgados **nariz:** comprido, pequeno **boca:** grande, pequena **lábios:** finos, grossos
Verbo SER	magro, gordo alto, baixo novo, jovem, velho

B. Ouve e lê a conversa entre as duas amigas.

Ana: Este é o meu namorado. Chama-se Luís.
Yuan: Que giro!!!! Ele é muito alto! E tem uns olhos lindos. São castanhos.
Ana: Pois são. Eu gosto do cabelo do Luís. O cabelo dele é encaracolado e curto. Ele é moreno.
Yuan: O meu namorado, o António, tem o cabelo liso e preto. Tem uns olhos grandes e castanhos escuros. É magro e não é muito alto.

C. Completa as frases de acordo com o texto.

1. O Luís é ________________ e tem olhos ________________ .
2. O cabelo do Luís é ________________ e ________________ .
3. O namorado da Yuan tem ________________ liso e preto.
4. O António tem ________________ grandes e ________________ escuros.
5. O António não ________________ muito alto.

D. Observa as imagens e responde às seguintes perguntas. Segue o exemplo:

Exemplo:
A: Quem tem o cabelo grisalho?
B: O José Saramago tem o cabelo grisalho.

1. Quem tem os olhos verdes? ____________________

2. Quem tem o cabelo comprido? ____________________

3. Quem é gordo? ____________________

4. Quem tem cabelo curto e loiro? ____________________

5. Quem é alto e magro? ____________________

6. Quem tem cabelo preto? ____________________

7. Quem tem os lábios finos? ____________________

E. **Agora descreve fisicamente o namorado / a namorada dos teus sonhos.**

Atividade 6

Estudo da Língua

Secção C – Adjetivo – Concordância em género e número

A. **Lê as frases seguintes e observa as palavras destacadas.**

O Ricardo Araújo Pereira tem ***o*** cabelo preto e curto.
A Rita Guerra tem ***o*** cabelo comprido e ondulado.
O José Saramago tem ***os*** cabelos grisalhos.
A Mariza tem ***a*** franja curta.

B. **Verdadeiro ou Falso?**

	V	F
1. O adjetivo concorda com o nome em género.	☐	☐
2. O adjetivo concorda com o nome em número.	☐	☐

Adjetivo

- **O adjetivo modifica o nome. Serve para atribuir qualidades, características e propriedades.**

Regra Geral

O adjetivo varia em:
- **género**
- **número.**

Exemplo:

Definido / Indefinido	Nome	Adjetivo
o	vestido	amarelo
os	vestidos	amarelos
a	blusa	preta
as	blusas	pretas
uma	casa	branca
umas	casas	brancas
um	carro	vermelho
uns	carros	vermelhos

C. **Observa as seguintes imagens e descreve o que vês. Segue o exemplo.**

Exemplos:

1. uma caneca amarela
2. três cadeiras vermelhas

1  2  3  4  5  6 7 8  9  10  11  12  13  14

Atividade 7

Escrever

A. **Faz o retrato do teu melhor amigo ou amiga.**

Trabalho de grupo

Com os teus colegas, faz um retrato das famílias reais famosas.
Ilustra com fotografias e organiza um cartaz.
Dá um título.

Já sou capaz de:

	🙂	😐	🙁
identificar e indicar os graus de parentesco: descrever a família	☐	☐	☐
indicar posse	☐	☐	☐
perguntar e indicar a data / dias da semana	☐	☐	☐
indicar o estado do tempo	☐	☐	☐
indicar as estações do ano	☐	☐	☐
descrever fisicamente pessoas	☐	☐	☐

UNIDADE 3

Amigos virtuais

Vamos aprender a:

- Caracterizar pessoas / animais / objetos
- Saudar / cumprimentar / apresentar alguém
- Expressar gostos

Vamos aprender:

- Características de pessoas / animais / objetos
- Gostos
- Expressões de saudação

Vamos aprender:

- Adjetivo
- Pronomes / determinantes indefinidos
- *Gostar de* + nome
- *Gostar de* + Infinitivo
- *Adorar* / *odiar* / *detestar* + nome
- *Adorar* / *odiar* / *detestar* + Infinitivo

Tarefas

Atividade 1

Vocabulário

Secção A
- Características de pessoas / animais / objetos

Atividade 2

Ouvir / Ler / Escrever

- Texto *Amizade*
- Verdadeiro ou Falso

Atividade 3

Estudo da Língua

Secção A
- Adjetivo

Secção B
- Pronomes / determinantes indefinidos

Atividade 4

Ouvir / Ler / Escrever

- Texto *Conversa virtual*
- Completar frases
- Responder a questões

Atividade 5

Estudo da Língua

Secção C
- Expressar gostos

Atividade 6

Vocabulário

Secção B
- Expressões de saudação

Atividade 7

Escrever

- Imaginar e descrever um objeto invulgar

Trabalho de grupo
Criar grupo de discussão no Hi5 / Facebook / Twitter.

Atividade 1

Vocabulário

Secção A – Características de Pessoas / Animais / Objetos

A. **Observa os símbolos.**

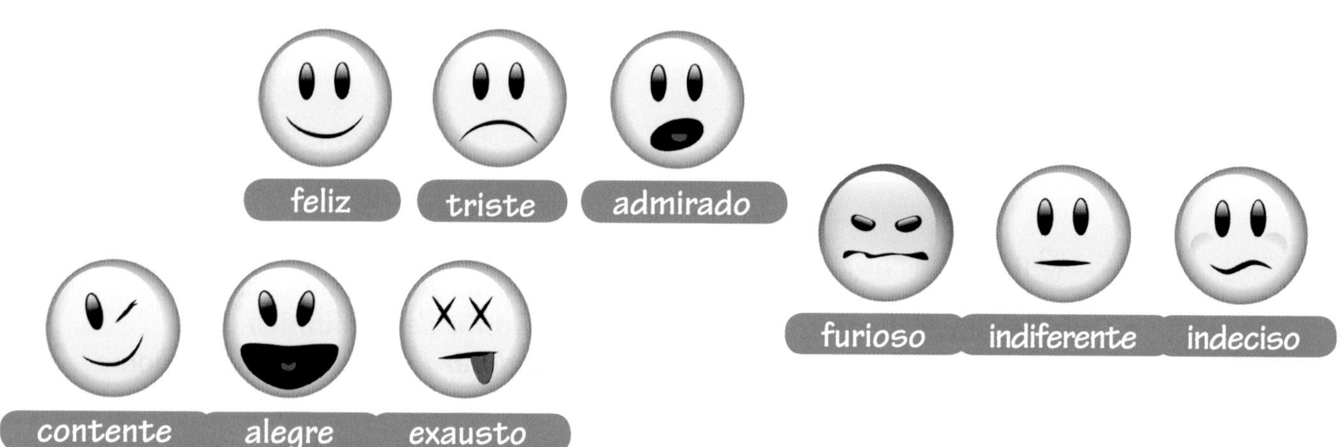

B. **Observa as imagens. Faz a correspondência entre a imagem e a palavra.**

9  10  11

12  13  14  15

selvagem ☐	arrumada ☐	feliz ☐	pensativa ☐	forte ☐
lenta ☐	faladoras ☐	assustado ☐	estudiosa ☐	calma ☐
fofo ☐	vaidosa ☐	divertido ☐	desarrumado ☐	zangado ☐

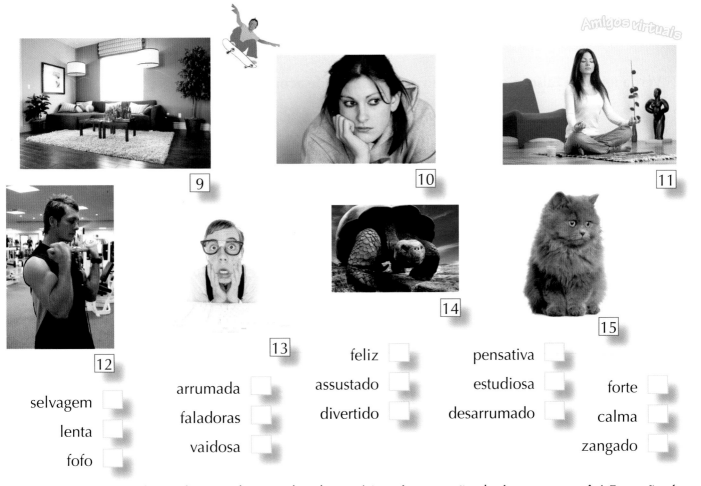

C. As filhas do Presidente dos Estados Unidos da América têm um cão de água português! Este não é um cão igual aos outros.
Sabes porquê?
É bom nadador. Tem membranas entre os dedos.
É capaz de ficar muito tempo dentro de água.
É inteligente e muito fiel.

E tu? Tens algum animal de estimação?
Qual é o teu animal preferido? Como é ele?

Atividade 2

Ouvir / Ler / Escrever

Amizade

A. **Ouve e lê a conversa entre as duas amigas.**

Ana: A amizade é das coisas mais importantes da vida. Tenho muitos amigos, mas o meu melhor amigo é o Luís. Eu gosto muito dele. O Luís é alegre e carinhoso. Acho que ele é divertido e muito lutador. E tu? Qual é a tua opinião?

Yuan: Eu acho que ele é muito querido, mas sou mais amiga do António. Temos feitios mais parecidos. Somos os dois introvertidos e muito românticos. Temos sempre a cabeça na lua.

Ana: É verdade. Vocês são os dois muito distraídos. Enfim... Todos temos características diferentes, mas o importante é que somos todos bons amigos.

B. **Verdadeiro ou Falso? Corrige as afirmações falsas de acordo com o diálogo.**

	V	F
1. A Ana gosta do Luís.		
2. O António é extrovertido.		
3. A Yuan e o António são muito diferentes.		
4. A Yuan não é distraída.		
5. Eles são todos muito amigos.		

Atividade 3

Estudo da Língua

Secção A – Adjetivo

A. **Lê as frases seguintes e observa as palavras em itálico.**

O Luís é ***divertido***.
A Yuan é ***divertida***.
Elas têm amigos ***divertidos***.

Os adjetivos servem para precisar o significado dos nomes, acrescentando-lhes informação. Assim, modificam os nomes que acompanham.

O adjetivo aparece geralmente depois do nome que caracteriza.
Exemplo: O gato tem o pelo macio.

Os adjetivos variam em número e, regra geral, em género.

Alguns adjetivos são invariáveis em género.
Exemplo: A Ana é alegre.
O Luís é alegre.

Adjetivos

verbo	positivo	negativo
	simpático	invejoso
	amável	vaidoso
ser	falador	desorganizado
	trabalhador	preguiçoso
	feliz	nervoso

B. **Observa as imagens. Faz a correspondência entre a imagem e a palavra.**

1  2  3  4  5

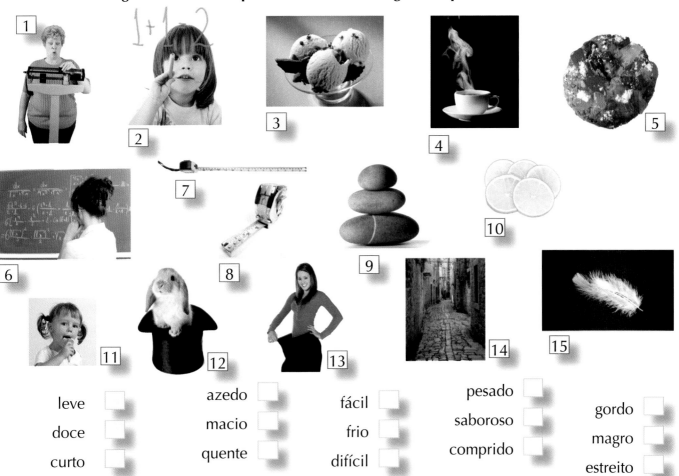

6  7 8  9  10

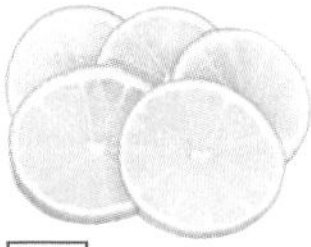

11  12  13  14  15

leve ☐
doce ☐
curto ☐

azedo ☐
macio ☐
quente ☐

fácil ☐
frio ☐
difícil ☐

pesado ☐
saboroso ☐
comprido ☐

gordo ☐
magro ☐
estreito ☐

Secção B – Pronomes / Determinantes indefinidos

A. **Lê as frases seguintes e observa as palavras em itálico.**

Algumas pessoas são divertidas.
Muitas pessoas são românticas, mas ***outras*** não são.
Algumas pessoas têm ***certas*** características de que gostamos muito.

Pronomes / determinantes indefinidos referem seres ou objetos de um modo vago ou indeterminado.

Variáveis				
Masculino		**Feminino**		**Invariáveis**
Singular	**Plural**	**Singular**	**Plural**	
algum	alguns	alguma	algumas	alguém
nenhum	nenhuns	nenhuma	nenhumas	ninguém
todo	todos	toda	todas	tudo
outro	outros	outra	outras	outrem
muito	muitos	muita	muitas	cada
pouco	poucos	pouca	poucas	nada
certo	certos	certa	certas	algo
	vários		várias	
tanto	tantos	tanta	tantas	
quanto	quantos	quanta	quantas	
qualquer	quaisquer	qualquer	quaisquer	

C. **Com o teu colega, completa as frases:**

1. Nenhum aluno da turma ________________
2. Todas as praias de Portugal ________________
3. Alguns gatos ________________
4. Ninguém deste grupo de amigos ________________
5. Poucos alunos ________________
6. Muitas pessoas ________________

Atividade 4

Ouvir / Ler / Escrever

Conversa virtual

A. **Ouve e lê os perfis destes jovens no *HI5*.**

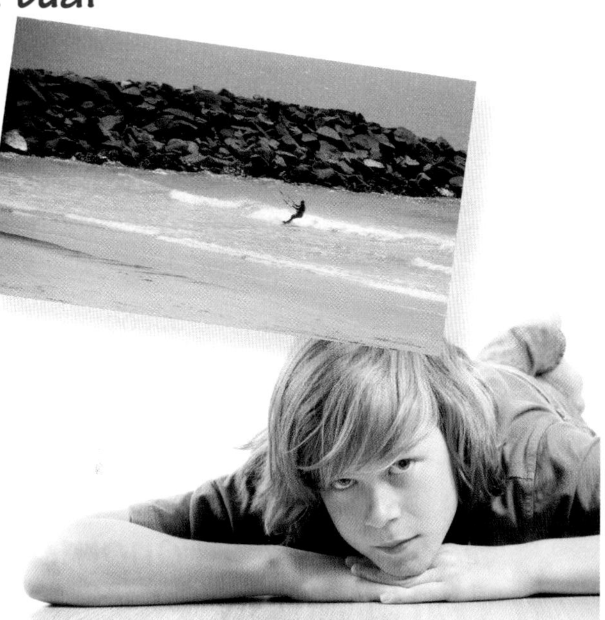

Olá! Tudo bem? Eu sou o António Vaz. Tenho 14 anos. Sou alto, louro e tenho olhos castanhos. Sou português, mas vivo em França. Eu gosto muito de Portugal. A minha paixão é o mar. Portugal tem praias fabulosas e *tubos* perfeitos para o *bodyboard*. Odeio praias sujas! Gosto de Lisboa. É uma cidade com muita luz e tem bairros antigos como o Bairro Alto. Tenho saudades de Portugal.

Eu sou a Jane. Sou inglesa e gosto de Portugal. As pessoas são muito simpáticas e alegres. Adoro a comida portuguesa. É saborosa e variada. As ruas, as pessoas e as casas são diferentes das de Londres. Lisboa também tem um rio, é o rio Tejo. Lisboa é a cidade das sete colinas.

Olá! Bom dia!
Eu sou a Laura Perez. Sou espanhola e vivo em Lisboa. A minha escola é o Instituto Espanhol. Gosto muito de viver em Portugal e já falo português. Adoro Sintra, que tem um castelo muito antigo e palácios maravilhosos. A vila de Sintra é património mundial.

O meu nome é Hans. Vivo no Porto e adoro a cidade. É a terra do Pedro Abrunhosa e do Rui Veloso. Todos os portuenses são bairristas e são conhecidos como *tripeiros*. O Porto tem muitos pratos típicos. Detesto as *Tripas à Moda do Porto*, mas gosto de *Francesinhas*. Gosto da *Casa da Música* porque é um edifício moderno e diferente. Nós, os alemães, gostamos muito das festas portuguesas.

B. **Completa as seguintes frases de acordo com a informação dos textos.**

1. O António é ____________, mas ____________ em França.
2. As praias de Portugal ________________________.
3. Londres tem ________________________ diferentes das de Lisboa.
4. A Laura ____________ Lisboa e ____________ português.
5. Sintra é ____________ e ____________.
6. O Pedro Abrunhosa e o Rui Veloso ____________.
7. Os portuenses são ____________ e ____________ como *tripeiros*.

C. **Responde às seguintes questões sobre os textos.**

1. Porque é que o António gosta muito de Portugal?

____

2. O António gosta muito de fazer *bodyboard* nas praias portuguesas. Porquê?

____

3. Londres e Lisboa são cidades diferentes. Justifica.

____

4. Porque é que Sintra é famosa?

____

5. No Porto vivem dois artistas famosos portugueses. Quem são?

____

6. Quem são os *tripeiros*?

____

Atividade 5

Estudo da Língua

Secção C – Expressar gostos

A. **Lê as frases seguintes e presta atenção às palavras destacadas.**

A Laura ***gosta da*** vila de Sintra.
O António ***adora*** *bodyboard*.
O Hans ***adora*** ir a festas portuguesas.
O António ***gosta de*** fazer *bodyboard*.
Ele ***detesta*** as praias sujas.

B. **Assinala as frases verdadeiras.**

1. O verbo *adorar* pode ser seguido de um nome ou de um verbo. ☐
2. O verbo *gostar* nunca é seguido da preposição *de*. ☐
3. *Gostar de* é sempre seguido de um verbo no Infinitivo. ☐

Expressar gostos

gostar + *de* + nome
+ Infinitivo

Exemplo: Eu gosto de chocolate.
Ele gosta de ler.

adorar
odiar + nome ou verbo no Infinitivo
detestar

Exemplo: Nós adoramos os concertos de verão.
Tu detestas comer muito.

C. **Indica duas coisas de que gostas e de que não gostas na tua cidade.**

1. Eu gosto .... e adoro .... na minha cidade.
2. Eu não gosto nada .... e detesto .... na minha cidade.

D. **Agora refere atividades que gostas e não gostas de realizar.**

1. Eu gosto de .... e ....
2. Eu não gosto de .... e ....

Atividade 6

Vocabulário

Secção B – Expressões de saudação

Saudar	Cumprimentar	Despedir-se	Apresentar alguém	Responder a um cumprimento
Olá! Bom dia! Boa tarde! Boa noite!	Estás bom / bem? Estão boas? / Estão bons? Tudo bem? Como está, Sr. Santos? Como está, D. Marina? Como estão?	Até logo! Até já! Até amanhã! Até um dia destes! Adeus! Até qualquer dia!	Este é o Pedro. Estas são a Ília e a Yuan. Este é o Sr. Luís. Esta é a professora Rita. Estes são o Franz e o João.	Estou bem, muito obrigado! Tudo bem. Obrigada. Mais ou menos! Não estou muito bem!

A. **Relaciona as imagens com os diálogos.**

1

2

3

4

Imagem ☐
A: Estás boa?
B: Sim e tu?
A: Olha, o novo colega de turma.
B: Como é que ele se chama?
A: Chama-se Pedro. É giro!

Imagem ☐
A: Olá! Estás bom?
B: Bem, obrigado. E tu?
A: Também. Até já!
B: Até já.

Imagem ☐
A: Boa tarde, Luísa!
B: Olá, Pedro! Estás bom?
A: Muito bem, obrigado. E tu, como estás?
B: Também estou bem.

Imagem ☐
A: Bom dia, Professor! Como está?
B: Mais ou menos! E tu, estás bem?
A: Bem, muito obrigada.

B. **Completa os diálogos.**

1.

Ília: ______________ . Como ______________ ?
Prof.: Estou bem! E tu?
Ília: ______________ .
Prof.: Tenho um pouco de pressa. Até amanhã!
Ília: ______________ .

2.

D. Ana: Olá!
João: ______________ .
D. Ana: Estás bem?
João: ______________ . E a senhora?
D. Ana: Mais ou menos. Como estão os teus pais?
João: ______________ .
D. Ana: Já é tarde. Até amanhã.
João: ______________ .

3.

D. Marina: Como ______________ ?
Profª. Rita Vaz: Bem, ______________ . E a senhora?
D. Marina: Bem, ______________ . Srª. Professora, este é o novo aluno da turma do Pedro, o Franz.
Profª. Rita Vaz: Muito prazer!
Franz: ______________ .

4.

Pedro: Olá, Franz! ______________ bem?
Franz: Tudo ______________ . Esta é a Ília.
Ília: ______________ .
Pedro: Estás boa? Estou atrasado para a aula.
Ília: ______________ .

C. **Temos diferentes tipos de relações com as pessoas. Umas formais e outras informais. Coloca as expressões do quadro abaixo nas colunas corretas.**

Como está, Sr. Santos? / Tudo bem? / Como está, Dr. Pedro? / Olá, tia! / Bom dia, D. Teresa! / Até já, mãe! / Tudo bem, obrigada! / Muito prazer! / D. Rita, este é o meu pai. / Estão bons? / Bom dia, Pedro! / Até qualquer dia! / Até um dia destes! / Apresento-lhe a minha mãe. / Muito gosto, Rui Pires.

Situações Formais	Situações Informais
Como está, Sr. Santos?	Tudo bem?

D. **O que dizes quando...**

1. te despedes de um amigo?
2. cumprimentas um professor?
3. apresentas os teus pais a um amigo?
4. respondes a um cumprimento de uma vizinha?
5. encontras o avô de um amigo teu?
6. respondes ao cumprimento do avô do teu amigo?
7. apresentas um amigo teu a um grupo de amigos?
8. te despedes do teu professor?
9. encontras um funcionário da tua escola?
10. apresentas um professor à tua mãe?

Atividade 7

Escrever

A. O *Guiness World Records* é uma organização que aceita ideias diferentes e tem um livro com os novos recordes todos os anos.
Imagina e descreve um objeto invulgar.
O próximo recorde pode ser teu.

Trabalho de grupo

Como sabes, o *Hi5*, o *Facebook* e o *Twitter* são redes sociais muito populares entre os jovens. Com os teus colegas, cria um grupo de discussão no *Hi5* / *Facebook* / *Twitter*.

Já sou capaz de:

	🙂	😐	☹️
indicar características de pessoas / animais / objetos	☐	☐	☐
usar expressões de saudação	☐	☐	☐
expressar gostos	☐	☐	☐

UNIDADE 4

Estou feliz!

Vamos aprender a:

- Descrever sentimentos e estados físicos
- Indicar causas
- Descrever tipos de habitação
- Descrever a casa
- Situar no espaço pessoas e objetos
- Indicar a quantidade
- Identificar materiais / padrões / formas

Vamos aprender:

- Sentimentos / estados físicos / causas
- Tipos de habitação (divisões / mobiliário / objetos)
- Materiais / padrões / formas

Vamos aprender:

- Presente do Indicativo do verbo *Estar*
- Diferença entre *Estar* e *Ser*
- Locuções prepositivas de lugar
- Presente do Indicativo do verbo *Haver (há)*
- Interrogativos (*quanto / quanta / quantos / quantas*)

Tarefas

Atividade 1

Falar / Escrever

- Descrever sentimentos e estados físicos

Atividade 2

Vocabulário

Secção A
- Sentimentos / estados físicos / causas

Atividade 3

Estudo da Língua

Secção A
- Descrever estados físicos e sentimentos
- Diferença entre *Estar* e *Ser*

Atividade 4

Ouvir / Ler / Escrever

- Diferentes opiniões
- Completar o quadro
- Responder a questões

Atividade 5

Vocabulário

Secção B
- Tipos de habitação
- A casa - divisões / mobiliário / objetos

Atividade 6

Estudo da Língua

Secção B
- Locuções prepositivas de lugar

Secção C
- Presente do Indicativo do verbo *Haver (há)*

Secção D
- Interrogativos (quanto / quanta / quantos / quantas)

Atividade 7

Vocabulário

Secção C
- Materiais / padrões / formas

Atividade 8

Ouvir / Ler / Escrever

- Texto *O meu quarto* (exercício de correspondência)
- Fazer perguntas

Atividade 9

Escrever

- Fazer a descrição completa de uma divisão da casa

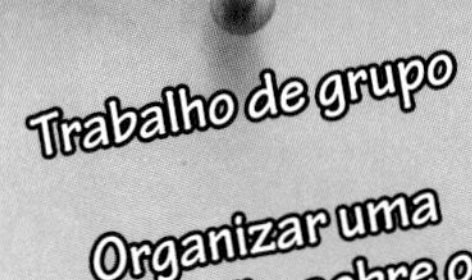

Trabalho de grupo

Organizar uma exposição sobre os tipos de habitação em diferentes países.

Atividade 1

Falar / Escrever

A. **Adivinha o estado de espírito do Franz. Segue o exemplo:**

Exemplo:

O Franz está triste.

2. ______________________

1. ______________________

3. ______________________

B. **Faz a correspondência entre as imagens e as frases.**

1  2  3 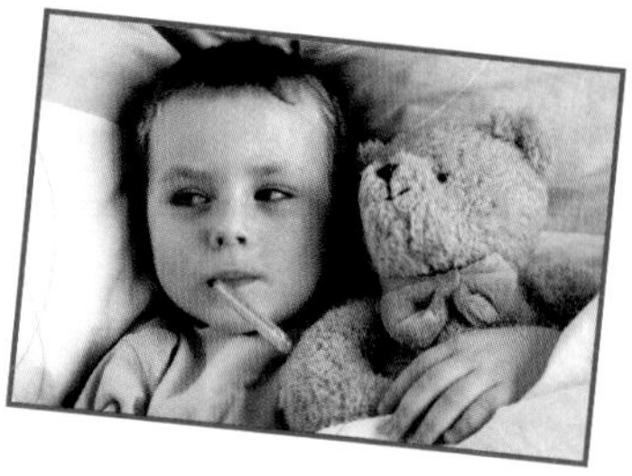 4  5  6  7 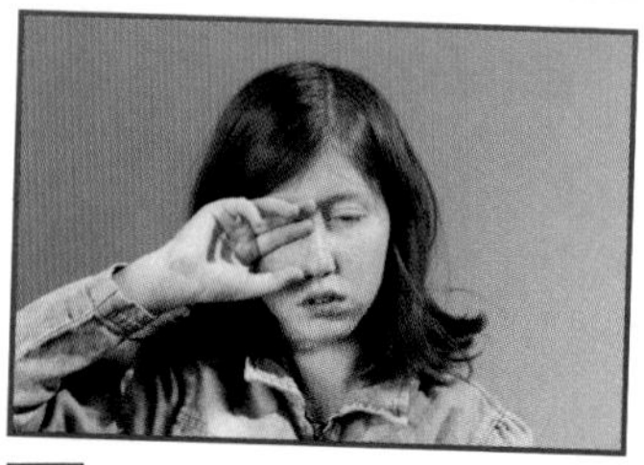 8  9  10

a) **Ele está doente.** Imagem [ ]
b) Ela está cansada. Imagem [ ]
c) Ela está sonolenta. Imagem [ ]
d) Ele está exausto. Imagem [ ]
e) Ela está constipada. Imagem [ ]
f) Eles estão com sede. Imagem [ ]
g) Elas estão com fome. Imagem [ ]
h) Ela está com frio. Imagem [ ]
i) Ela está com calor. Imagem [ ]
j) Eles estão satisfeitos. Imagem [ ]

Atividade 2

Vocabulário

Secção A - Sentimentos / Estados físicos / Causas

A. **Como é que eles estão? Faz a correspondência entre os elementos da coluna A e da coluna B. Escreve frases corretas. Segue o exemplo:**

Exemplo:

O Franz está triste porque está zangado com a namorada.

Estados de espírito A	Causas B
alegre	tem uma festa de aniversário
feliz	está apaixonada
furiosos	está indecisa
triste	está com a família
pensativa	os bilhetes para o concerto estão esgotados
contente	***está zangado com a namorada***
cansado	tem exames todos os dias
doente	está com febre

1. O João ____________________
2. O Pedro ____________________
3. A Ana ____________________
4. A Ília ____________________
5. A Yuan ____________________
6. O Pedro e o João ____________________
7. O João ____________________

Atividade 3

Estudo da Língua

Secção A – Descrever estados físicos e sentimentos

Diferença entre *Estar* e *Ser*

A. **Como estão eles? Segue o exemplo.**

Exemplo:

Ela está constipada.

1.

2.

3.

4.

5.

6.

B. **Como são eles? Segue o exemplo.**

Exemplo:

Ela / simpática

Ela é simpática.

1.

João Garcia / corajoso

2.

Nelson Évora / veloz

3.

Einstein / inteligente

4.

Fátima Lopes / famosa

5.

Picasso / criativo

6.

Madre Teresa / bondosa

C. **Completa as seguintes frases. Utiliza os verbos *ser* ou *estar*. Segue o exemplo: Atenção! Não te esqueças de fazer a concordância do adjetivo.**

Exemplo:

O professor tem sempre um sorriso. O professor <u>é</u> simpático.

elegante
rápido
doente
simpático
cansado
bom
amável

1. O João tem muito boas notas a Matemática. O João ________ aluno.
2. O Franz e o João têm jeito para o atletismo. Eles ________ na corrida.
3. A mãe da Ana tem sempre uma palavra para os amigos. Ela ________ .
4. Tu e a prima da Ana têm vestidos muito modernos. Vocês ________ .
5. O Sr. Luís, o porteiro da casa da Ana, está no hospital. Ele ________ .
6. Eu e a Ana temos muito sono. Nós ________ .

Atividade 4

Ouvir / Ler / Escrever

Diferentes Opiniões

A. **Ouve e lê a conversa entre a Ana e a Ília sobre o João.**

Ana: Gostas do João?
Ília: Do João? Sim, sim. Acho que ele é parecido com o Zac Efron, o ator do *High School Musical 2*. O Zac é lindo, bom dançarino e gosta muito de tocar piano.
Ana: Achas que o João é giro?
Ília: Acho. E agora está com um corte de cabelo espetacular! Todo espetado!
Ana: É muito querido, é um miúdo sempre alegre e bem disposto. Gosta de cantar e de ouvir música *rap*. Hoje está muito divertido e satisfeito.
Ília: Acho que ele, às vezes, é um bocado cansativo porque só gosta de música *rap*. É sempre *rap, rap* e mais *rap*...

B. **Completa os quadros de acordo com o texto.**

A Ana acha que o João é...	A Ília acha que o João é...

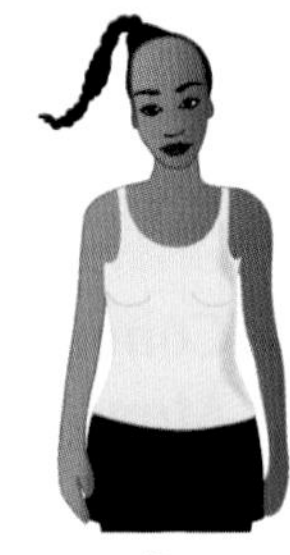

A Ana acha que hoje o João está...	A Ília acha que hoje o João está...

C. **Responde a estas questões.**

1. Quem é o Zac Efron?

2. O que é que ele gosta de fazer?

3. Porque é que o corte de cabelo do João é engraçado?

4. O João gosta muito de *rap*. E tu, gostas deste tipo de música?

5. Qual é a opinião da Ília sobre o João?

D. **Lê as frases seguintes e observa as palavras em itálico:**

Ele ***está*** engraçado.	Ele ***é*** engraçado.
Ele ***está*** lindo.	Ele ***é*** lindo.
Ele hoje ***está*** muito divertido e alegre.	Ele ***é*** sempre divertido e alegre.

E. **Verdadeiro ou Falso?**

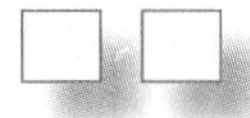

V F

1. O verbo ***ser*** utiliza-se também para exprimir / descrever estados físicos e sentimentos que fazem parte da natureza permanente dos seres e dos objetos. ☐ ☐
2. O verbo ***estar*** utiliza-se para exprimir / descrever estados físicos e sentimentos ocasionais que não fazem parte da natureza permanente dos seres e dos objetos. ☐ ☐

Presente do Indicativo

Pronomes pessoais sujeito	Verbo ser	Verbo estar
eu	sou	estou
tu	és	estás
ele, ela, você, o senhor, a senhora	é	está
nós	somos	estamos
eles, elas, vocês, os senhores, as senhoras	são	estão

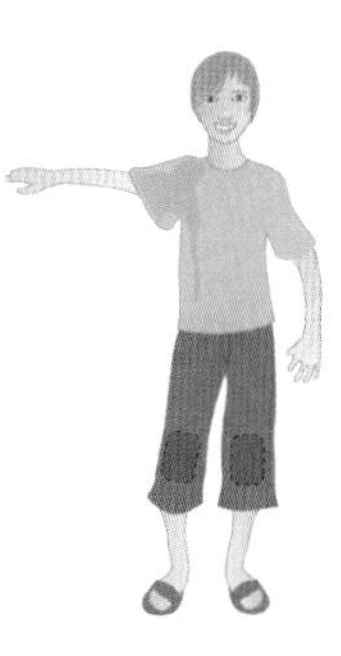

Atividade 5

Vocabulário

Secção B – Tipos de habitação / A casa

A. **Observa estas casas e faz a correspondência entre a descrição e a imagem.**

a) É uma casa de campo. Tem terreno a toda a volta com árvores. A moradia é térrea. Imagem ☐

b) Este tipo de habitação é um apartamento. Está num prédio que tem vários andares. Pode ter elevador. Imagem ☐

c) É uma moradia, normalmente tem jardim. Imagem ☐

B. Legenda cada parte da casa com as palavras do quadro.

telhado
janela
parede
chaminé
porta principal
persiana
garagem
varanda

1. ______________
2. ______________
3. ______________
4. ______________
5. ______________
6. ______________
7. ______________
8. ______________

C. Observa as imagens A e B e faz a sua descrição. Utiliza as palavras do quadro.

a rua	ser	movimentado
o bairro	estar	animadas
os prédios		estreita
os candeeiros		antigos
as noites		típicos
as varandas		tradicionais

A

B

D. Ouve e lê o texto.

Estou feliz!

A Ana vive no Bairro Alto. É um bairro típico de Lisboa com edifícios antigos, mas muito bonitos. A maior parte das casas são prédios baixos e não há moradias. Este bairro tem ruas estreitas. Há muitas lojas e restaurantes. As ruas têm nomes muito engraçados como a Rua da Rosa, a Rua do Norte ou a Rua do Século. À noite, estas ruas estão cheias de jovens. Eles gostam dos bares e cafés deste bairro porque há sempre boa música. O Bairro Alto é o ponto de encontro dos jovens. Ao fim de semana estas ruas estão apinhadas de gente, especialmente de gente jovem.

A casa da Ana é antiga, mas muito bonita e grande, tem cinco assoalhadas. Ela vive num prédio de quatro pisos e mora no 3º andar. O rés do chão está alugado a uma pessoa muito conhecida em Portugal, o estilista José António Tenente. Ele tem o seu ateliê neste andar. A Ana está feliz com a nova casa e com o seu vizinho famoso. Ela adora viver neste bairro porque é um bairro alegre, com muita vida. Há muito para descobrir no Bairro Alto.

E. Indica se as frases são verdadeiras (V) ou falsas (F).

	V	F
1. O Bairro Alto é um monumento.		
2. O Bairro Alto tem avenidas largas e modernas.		
3. A juventude adora o Bairro Alto.		
4. Ao sábado e ao domingo há muita gente nas ruas.		
5. O prédio da Ana tem cinco pisos.		
6. A casa da Ana tem cinco assoalhadas.		
7. Ela tem um vizinho do mundo da moda.		
8. O Bairro Alto é um local muito animado porque há muito movimento.		

A Casa - divisões / mobiliário / objetos

A. Observa a planta da casa da Ana (Planta A) e lê o nome das divisões da casa.

Planta A

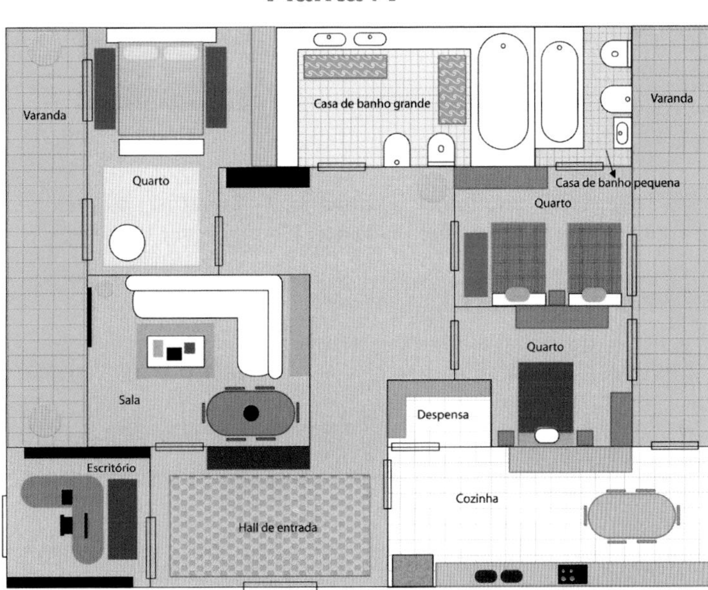

B. Observa a planta (Planta B) e legenda com o nome das divisões.

Planta B

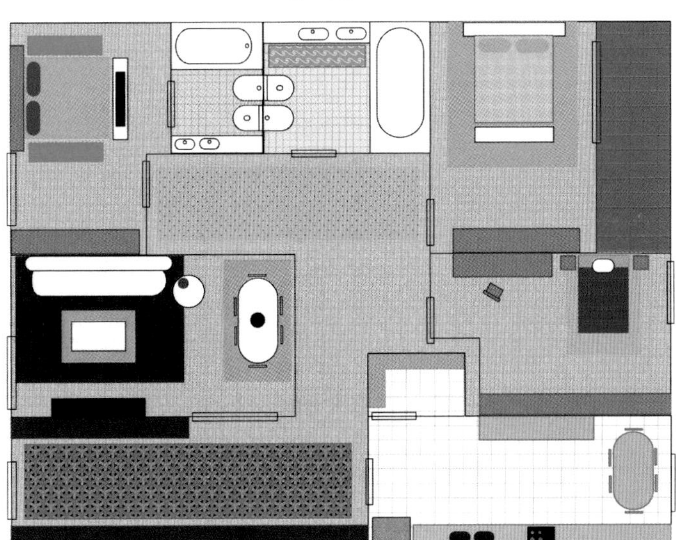

C. **Observa o mobiliário e os objetos da casa.**

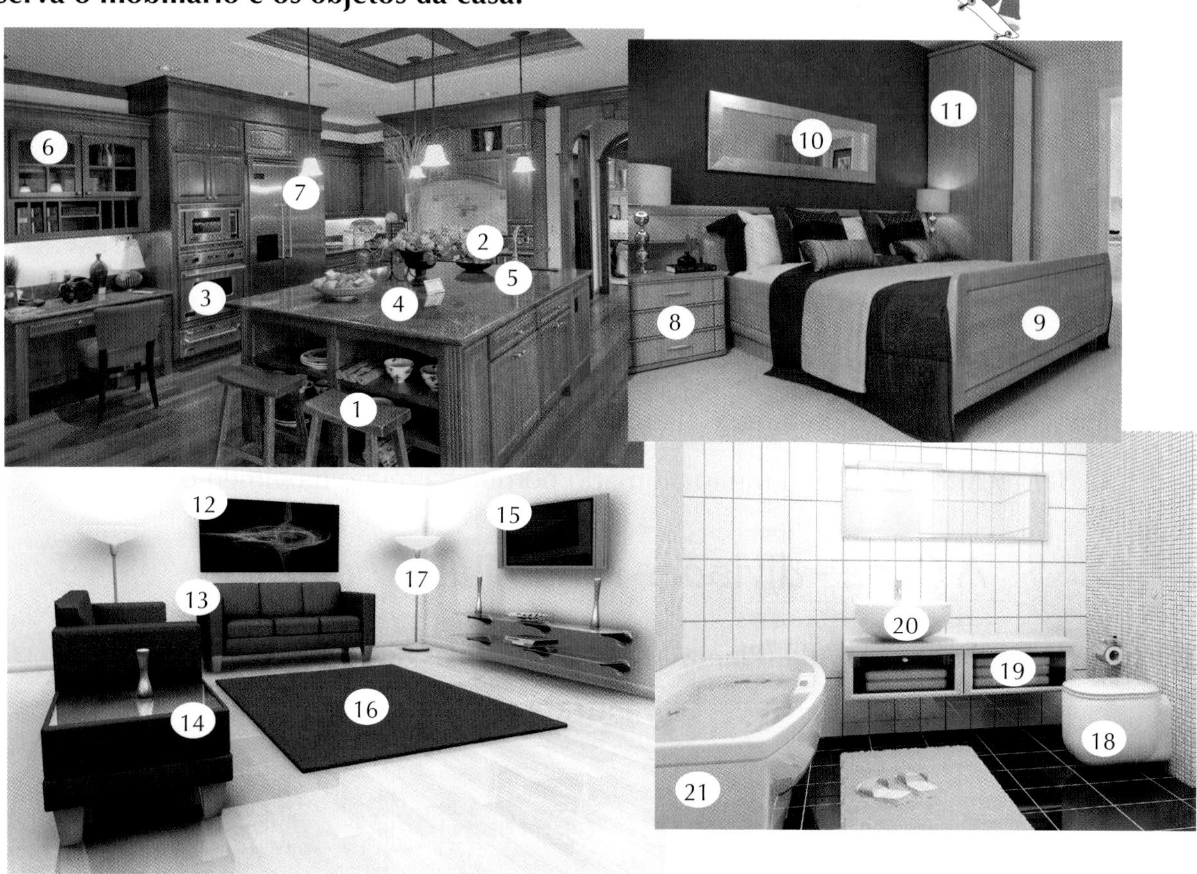

1 - banco; 2 - fogão; 3 - forno; 4 - bancada; 5 - lava-loiças; 6 - armário; 7 - frigorífico; 8 - mesa de cabeceira; 9 - cama; 10 - espelho; 11 - roupeiro; 12 - quadro; 13 - sofá; 14 - mesa; 15 - televisão; 16 - tapete; 17 - candeeiro; 18 - sanita; 19 - armário; 20 - lavatório; 21 - banheira

D. **Completa com as palavras adequadas.**

Divisões da casa	Mobiliário / objetos
• quarto de dormir	• cama • roupeiro • • •
• cozinha	• fogão • banco • • • •
• sala	• • • • • •
• casa de banho	• lavatório • espelho • • •

E. **Assinala com x os objetos que não estão na imagem.**

cama ☐
porta ☐
secretária ☐

cadeira ☐
rádio ☐
tapete ☐

espelho ☐
cortinas ☐
aquecimento ☐

janela ☐
computador ☐
estante ☐

cesto dos papéis ☐
candeeiro ☐
banco ☐

Atividade 6

Estudo da Língua

Secção B - Situar no Espaço: pessoas, animais e objetos
Locuções prepositivas de lugar

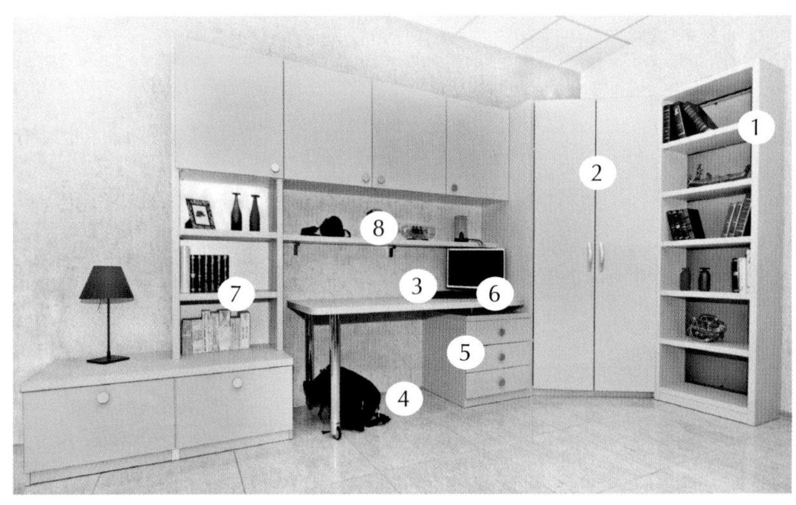

1 - estante; 2 - roupeiro; 3 - secretária; 4 - mochila; 5 - gavetas; 6 - computador; 7 - livros; 8 - prateleira

A. **Lê as frases e presta atenção às palavras em itálico.**

O computador está ***em cima da*** secretária. 6
A estante está ***ao lado do*** roupeiro. 1
A mochila está ***debaixo da*** secretária. 4
O roupeiro está ***junto da*** estante. 2
Os papéis estão ***dentro das*** gavetas. 5
A secretária está ***entre*** a estante e o roupeiro. 3
A prateleira está ***por cima da*** secretária. 8
Os livros estão ***à direita do*** candeeiro. 7

B. Completa as frases seguintes com as palavras do quadro.

pessoas locuções prepositivas objetos

1. As expressões destacadas são ______________________ .
2. Estas usam-se para situar ____________, ____________ e animais.

Locuções Prepositivas de Lugar	
dentro de	fora de
ao lado de	
perto de junto de	longe de
em cima de	em baixo de / debaixo de
em frente de	atrás de
do outro lado de	
à direita de	à esquerda de
na esquina de no canto de	
por cima de	por baixo de
à volta de	

C. Observa os quartos da Ana e do Pedro. Encontra sete diferenças. Constrói frases. Segue o exemplo:

Exemplos:

O quarto do Pedro tem uma secretária. Ela está ao lado da cama.
A secretária da Ana está junto do roupeiro.

1. ______
2. ______
3. ______
4. ______
5. ______
6. ______
7. ______

D. **Observa a imagem e faz perguntas ao teu colega.**

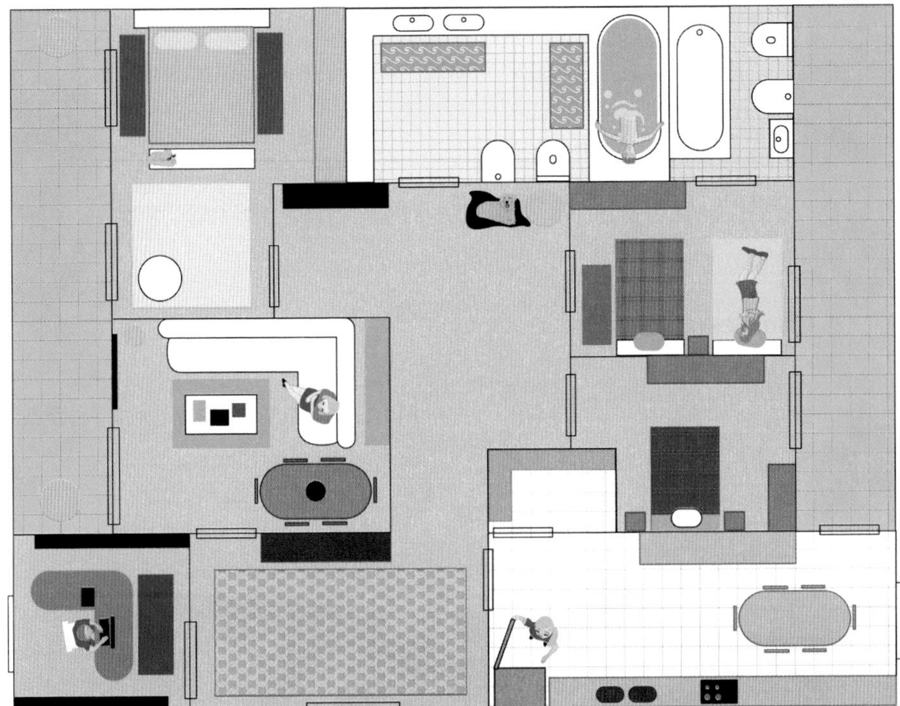

Exemplo:
A: Onde está a Ana?
B: A Ana está no quarto.

E. **Observa a imagem. Verdadeiro ou Falso?**

	V	F
1. Os carros estão do lado esquerdo da rua.		
2. Os jovens estão dentro de casa.		
3. Alguns candeeiros estão debaixo das janelas.		
4. O rapaz de calças brancas está em frente dos dois amigos.		

Secção C – Presente do Indicativo do verbo Haver (há)

A. **Observa novamente o quarto da Ana. Lê as frases seguintes e presta atenção às palavras.**

> ***Há*** um computador no quarto.
> ***Há*** dois candeeiros no quarto da Ana.

B. **Escolhe a opção correta e completa as frases.**

3ª pessoa existir haver plural

1. O verbo ____________ é um verbo impessoal (sem sujeito), quando tem o sentido de ____________ e, por isso, usa-se apenas na ____________ do singular.
2. O verbo *haver*, no sentido de existir, não tem ____________ .

C. **Observa a imagem. Descreve o jardim desta casa.
Segue o exemplo:**

Exemplos:
Há uma árvore no jardim.
Há algumas flores.

Secção D – Indicar a quantidade

Interrogativos (quanto / quanta / quantos / quantas)

A. **Lê com atenção as frases e repara bem nas palavras destacadas.**

Quanto dinheiro tens? Tenho 10 euros.
Quanta farinha há na despensa? Há 1 quilo.
Quantos bancos há na cozinha? Há dois bancos.
Quantas cadeiras tem a cozinha? Tem uma cadeira.

B. **Verdadeiro ou Falso?**

	V	F
1. *Quanto, quanta, quantos, quantas* são pronomes indefinidos.	☐	☐
2. Para indicar a quantidade usa-se *quanto, quanta, quantos, quantas*.	☐	☐

Interrogativos

Quanto / Quanta + nome **não contável** + verbo
Quantos / Quantas + nome **contável** + verbo

Exemplo: Quanto dinheiro há na conta? Há 1.500€.
Quanta água há no jarro? Há quase 1 litro.
Quantos quartos há? Há 3 quartos.
Quantas varandas tem a casa? Tem uma varanda.

C. **Completa as frases com os interrogativos adequados.**

1. ______________ panelas estão no fogão?
2. ______________ vasos há na janela?
3. ______________ garrafas de azeite há na despensa?
5. ______________ livros estão na estante?
6. ______________ dinheiro tens em casa?

Atividade 7

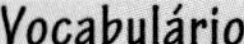

Vocabulário

Secção C – Materiais / Padrões / Formas

Materiais

A. **Observa as imagens. Qual é o material dos objetos?**

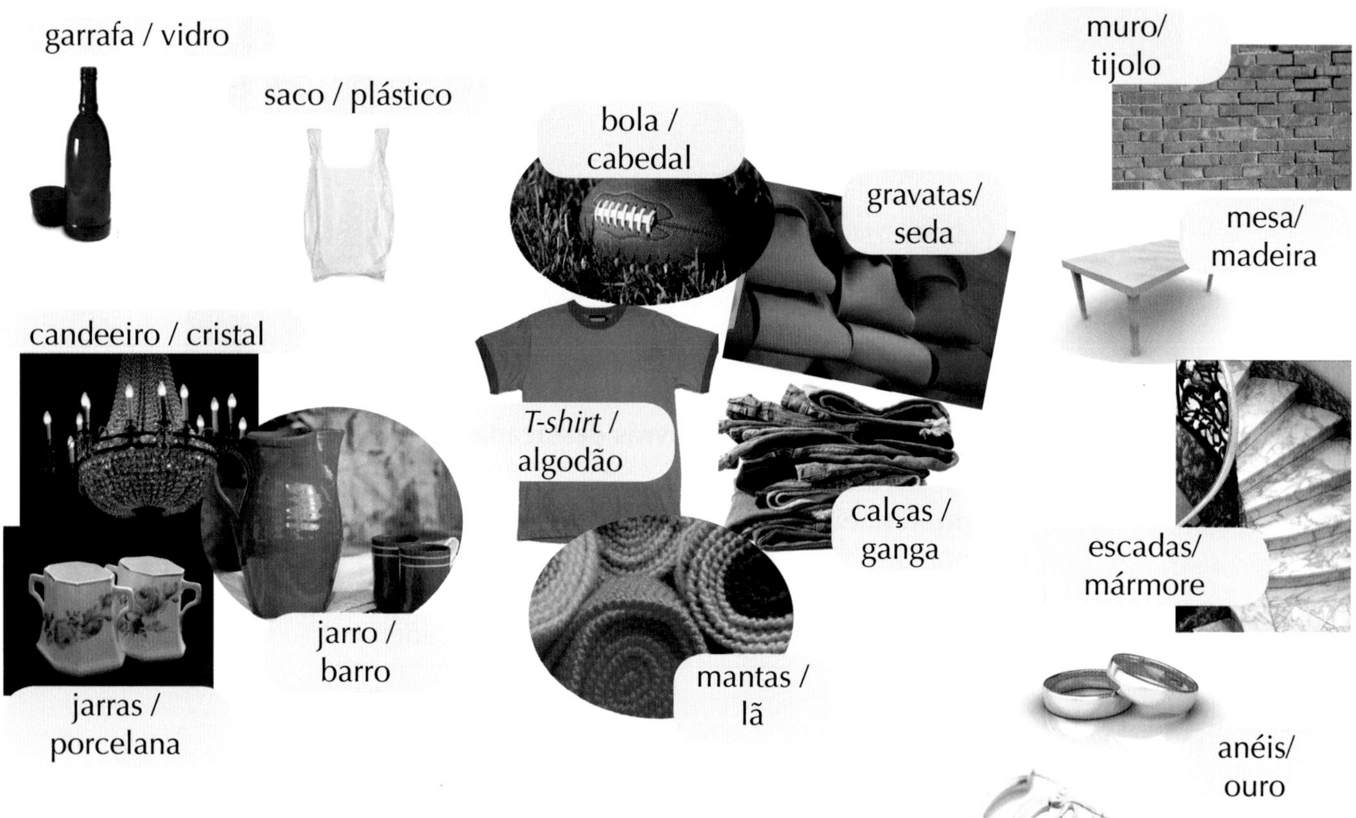

garrafa / vidro

saco / plástico

bola / cabedal

muro/ tijolo

gravatas/ seda

mesa/ madeira

candeeiro / cristal

T-shirt / algodão

calças / ganga

escadas/ mármore

jarro / barro

mantas / lã

jarras / porcelana

anéis/ ouro

brincos/ prata

cadeiras/ bambu

cesto/ palha

Indicar o material de que é feito

A Preposição ***de*** + nome de material

Exemplo: Uma mesa *de vidro*.
Um copo *de cristal*.
Uns sapatos *de cabedal*.
Umas pantufas *de lã*.
A almofada *de algodão*.
O tacho *de barro*.
As mesas *de madeira*.
Os bancos *de plástico*.

B. **Usa as palavras do quadro. Descreve os objetos e constrói frases.
Segue o exemplo:**

Exemplo:
É uma pulseira de prata com pedras azuis.

1 luvas

2 camisa

1. ______________________
2. ______________________
3. ______________________
4. ______________________
5. ______________________
6. ______________________
7. ______________________
8. ______________________

Materiais
algodão
ouro
cabedal
lona
seda
lã
madeira
papel

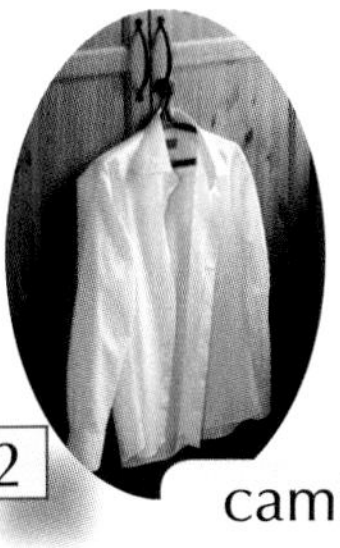

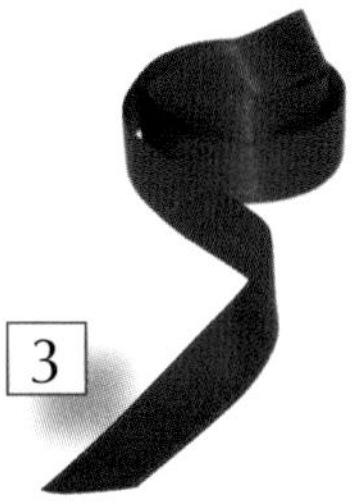

3 fita

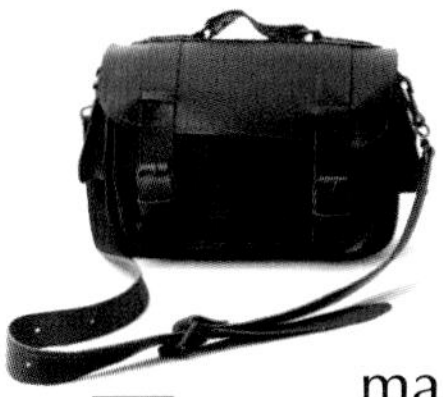

4 mala

5 mesa

6 mochila

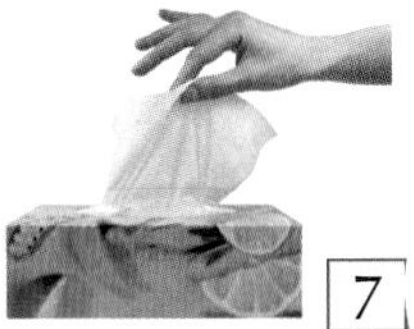

7 lenço

8 anel

Padrões / Formas

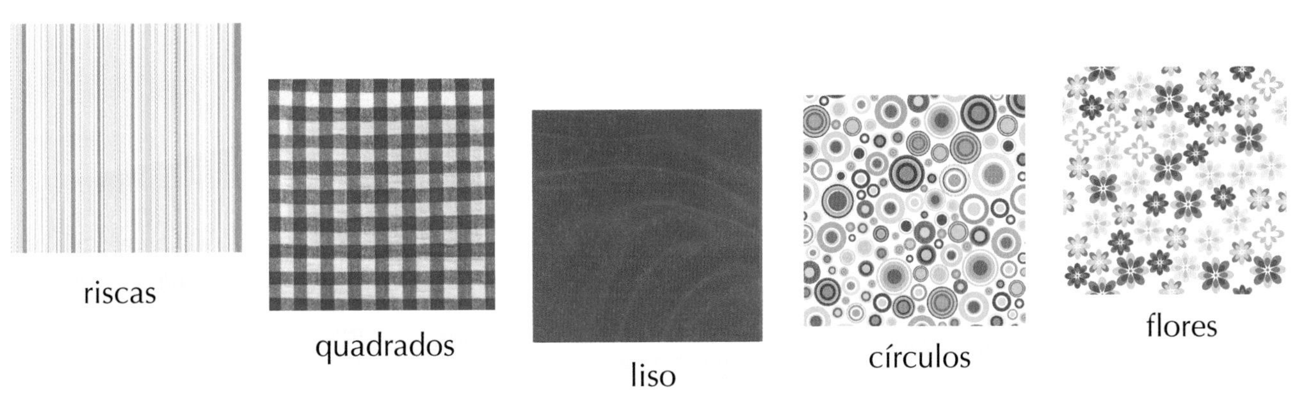

riscas quadrados liso círculos flores

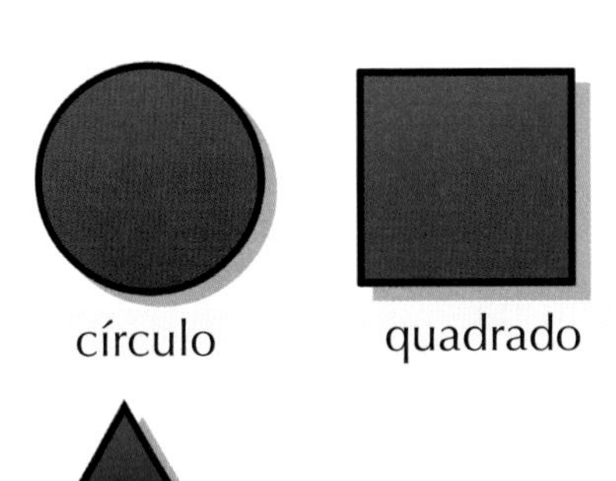

círculo quadrado

triângulo

retângulo

Indicar o padrão

uma almofada às riscas / às bolas / às flores
duas almofadas às riscas / às bolas / às flores

mas
uma manta aos quadrados
duas mantas aos quadrados

Indicar a forma

uma caixa quadrada / redonda / retangular / triangular

C. **Observa as imagens. Qual é o padrão e a forma?**

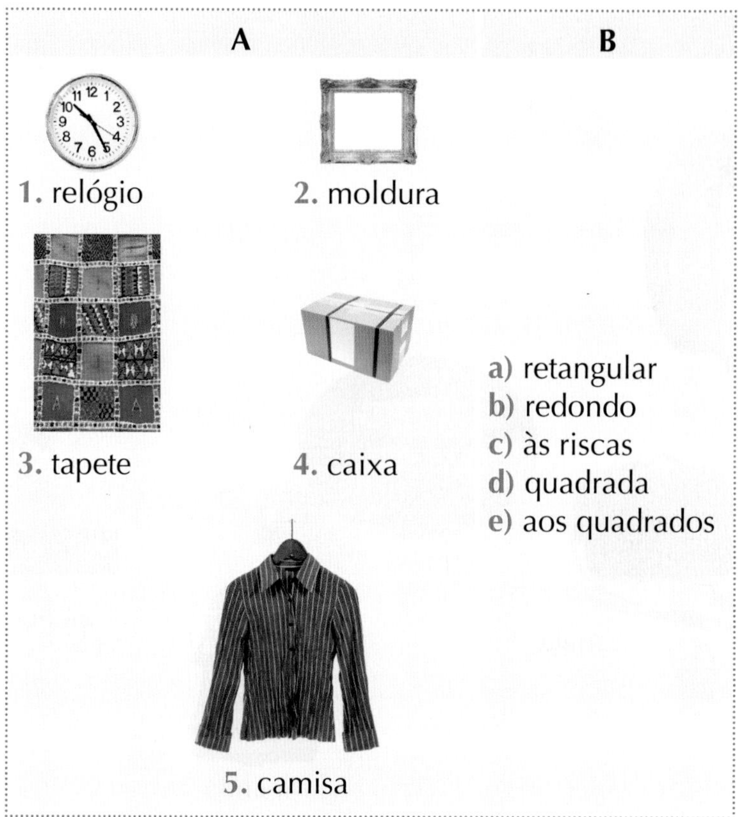

Atividade 8

Ouvir / Ler / Escrever

A. **Ouve e lê o texto.**

O meu quarto

Adoro o meu quarto novo. É grande e espaçoso. Tenho uma televisão e um computador. O meu quarto tem muitas almofadas de cores e materiais diferentes no chão. Umas são de lã, seda e algodão. Todas têm formas diferentes: três são redondas, uma é quadrada e duas são retangulares. Elas têm padrões diferentes: indianos, marroquinos e chineses. Quando os meus amigos estão cá em casa, estamos sempre no quarto e cada um tem a sua almofada preferida.

Há uma grande secretária em frente da janela. O meu horário está por cima da mesa do computador. Nessa parede também tenho muitas fotografias dos meus artistas preferidos, principalmente de actores de cinema, pois gosto muito de ver filmes. Na estante, ao lado da secretária, também há duas caixas de cartão, uma amarela e outra verde, onde estão os livros e os cadernos de cada disciplina. Na última prateleira está a minha moldura preferida que é forrada com botões de vidro, plástico e metal de diferentes tamanhos e cores com uma fotografia com todas as minhas amigas.

A minha cama é larga e confortável. Ao lado da cama tenho duas mesinhas de cabeceira com dois candeeiros. Por cima da cama tenho "a minha corda de fotografias". Aí estão as fotografias das férias penduradas com molas de madeira de vários feitios. Todos os meses há novas fotografias e assim tenho sempre um quarto diferente.

B. Faz a correspondência entre o início e o fim de cada frase.

1. O meu quarto é
2. Há muitas almofadas
3. Cada amigo gosta de
4. Os padrões das almofadas são de
5. O meu horário está
6. Na estante há duas caixas de cartão,
7. A moldura é forrada com
8. As fotografias estão penduradas

a. países diferentes.
b. uma amarela e outra verde.
c. numa corda.
d. uma almofada diferente.
e. grande e espaçoso.
f. de cores e materiais diferentes no chão.
g. botões de vidro, plástico e metal.
h. por cima da mesa do computador.

C. Faz perguntas de acordo com as respostas.

1. ____?

É grande e espaçoso.

2. ____?

Umas são de lã, seda e algodão.

3. ____?

Três são redondas, uma é quadrada e duas são retangulares.

4. ____?

Não, o meu horário está por cima da mesa do computador.

5. ____?

A minha moldura preferida está na última prateleira.

6. ____?

Não. A minha cama é larga e confortável.

7. ____?

A minha corda de fotografias.

8. ____?

Porque há sempre fotografias novas.

Atividade 9

Escrever

A. **Faz uma descrição completa de uma divisão da casa.**

Trabalho de grupo

Cada país tem as suas casas típicas. Com os teus colegas, faz uma exposição sobre os diferentes tipos de habitação característicos de cada país. As imagens devem ser acompanhadas de uma breve descrição.

Já sou capaz de:

descrever sentimentos e estados físicos e indicar causas	☐	☐	☐
descrever o tipo de habitação	☐	☐	☐
descrever a casa	☐	☐	☐
situar no espaço pessoas, animais e objetos	☐	☐	☐
perguntar e indicar a quantidade	☐	☐	☐
indicar os materiais, padrões e formas	☐	☐	☐

UNIDADE 5

O que estás a fazer?

Vamos aprender a:

- Falar de ações em curso
- Falar de ações / situações diferentes simultâneas
- Localizar / situar geograficamente
- Falar sobre locais na cidade
- Perguntar / dar informações sobre localização no espaço

Vamos aprender:

- Locais na cidade

Vamos aprender:

- *Estar a* + Infinitivo
- Conjunção temporal *enquanto*
- Presente do Indicativo do verbo *Ficar*
- Diferença entre *Estar* e *Ficar*

Tarefas

Atividade 1

Ouvir / Ler / Escrever
- Texto *Postais de Lisboa*
- Exercício de correspondência
- Escolher as opções corretas

Atividade 2

Estudo da Língua

Secção A
- *Estar a* + Infinitivo

Secção B
- Conjunção temporal *enquanto*

Secção C
- Presente do Indicativo do verbo *Ficar*
- Diferença entre *Estar* e *Ficar*

Atividade 3

Vocabulário
- Locais na cidade

Atividade 4

Falar / Escrever
- Descrever um local de Lisboa a partir de imagens

Atividade 5

Escrever
- Descrever um quadro de um pintor famoso

Trabalho de grupo
Elaborar um folheto turístico.

Atividade 1

Ouvir / Ler / Escrever

A. **Ouve e lê os textos. Faz a correspondência entre as imagens e os postais.**

Postais de Lisboa

1

2

3

4

Postal A

10/08/08

Querida avó,
Neste momento estou a escrever este postal num café antigo ao pé do Mosteiro dos Jerónimos. Este mosteiro é um monumento do tempo dos Descobrimentos. É considerado Património Mundial pela Unesco e é uma das sete Maravilhas de Portugal. Ainda é verão! Está sol!
Estou a beber um sumo de laranja e a comer um pastel de Belém com canela. Estes pastéis são famosos!

Beijos da Yuan

☐

Postal B

27/9/08

Olá, Milan!
Estou a adorar estar em Lisboa. Tenho muitos amigos, alguns deles de nacionalidades diferentes. Agora estou a visitar o Bairro de Santos, que fica entre a Madragoa e o rio Tejo. Estou a escrever postais para os nossos amigos no Museu Nacional de Arte Antiga que fica na rua das Janelas Verdes.
Estou à espera de notícias tuas.

Adeus,
Franz

☐

Postal C

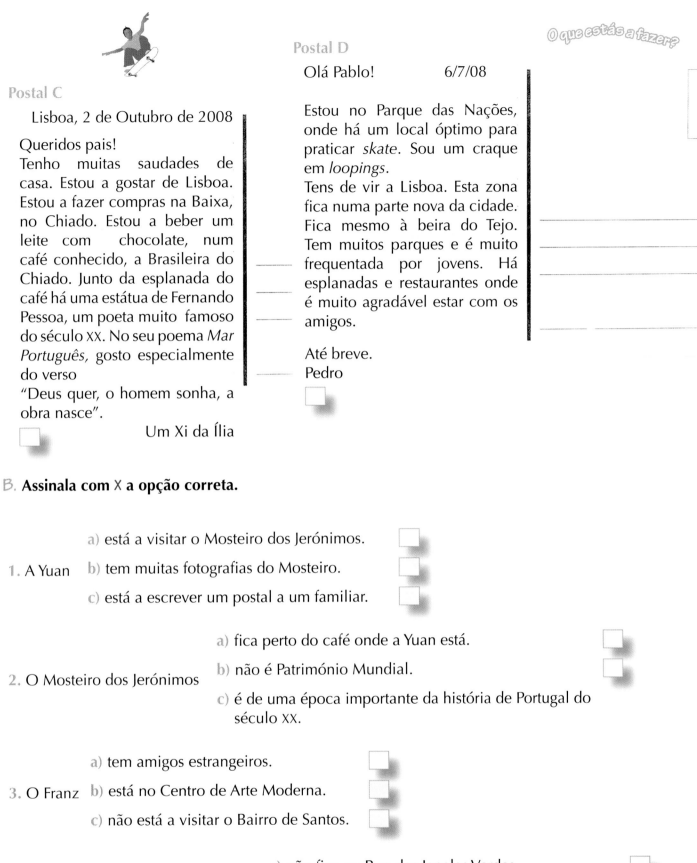

Lisboa, 2 de Outubro de 2008

Queridos pais!
Tenho muitas saudades de casa. Estou a gostar de Lisboa. Estou a fazer compras na Baixa, no Chiado. Estou a beber um leite com chocolate, num café conhecido, a Brasileira do Chiado. Junto da esplanada do café há uma estátua de Fernando Pessoa, um poeta muito famoso do século XX. No seu poema *Mar Português,* gosto especialmente do verso
"Deus quer, o homem sonha, a obra nasce".

Um Xi da Ília

☐

Postal D

Olá Pablo! 6/7/08

Estou no Parque das Nações, onde há um local óptimo para praticar *skate*. Sou um craque em *loopings*.
Tens de vir a Lisboa. Esta zona fica numa parte nova da cidade. Fica mesmo à beira do Tejo. Tem muitos parques e é muito frequentada por jovens. Há esplanadas e restaurantes onde é muito agradável estar com os amigos.

Até breve.
Pedro

☐

B. **Assinala com X a opção correta.**

1. A Yuan
   a) está a visitar o Mosteiro dos Jerónimos. ☐
   b) tem muitas fotografias do Mosteiro. ☐
   c) está a escrever um postal a um familiar. ☐

2. O Mosteiro dos Jerónimos
   a) fica perto do café onde a Yuan está. ☐
   b) não é Património Mundial. ☐
   c) é de uma época importante da história de Portugal do século XX.

3. O Franz
   a) tem amigos estrangeiros. ☐
   b) está no Centro de Arte Moderna. ☐
   c) não está a visitar o Bairro de Santos. ☐

4. O Museu Nacional de Arte Antiga
   a) não fica na Rua das Janelas Verdes. ☐
   b) é um museu com obras de arte muito modernas. ☐
   c) é o local onde o Franz está neste momento. ☐

5. A Ília
   a) está a fazer compras no Bairro de Santos. ☐
   b) está a escrever um postal aos pais. ☐
   c) não tem saudades de casa. ☐

6. O Chiado
a) não é uma zona famosa de Lisboa. ☐
b) tem um café onde há uma estátua de um poeta famoso do século XX. ☐
c) é um bairro moderno de Lisboa. ☐

7. O Pedro
a) está a praticar *skate* numa zona velha da cidade. ☐
b) é experiente neste desporto. ☐
c) está a passear em Belém. ☐

8. O Parque das Nações
a) fica na zona nova da cidade. ☐
b) não tem espaços verdes. ☐
c) fica longe do Tejo. ☐

Atividade 2

Estudo da Língua

Secção A – Falar de ações em curso
Estar a + Infinitivo

A. **Lê as frases e observa com atenção as palavras destacadas.**

Ela ***está a*** beber um sumo.
Agora, eles ***estão a*** escrever postais.
Neste momento, o Pedro ***está a*** praticar *skate*.

B. **Completa com as palavras do quadro.**

Infinitivo
presente do indicativo
no momento

1. ***Estar a*** + *Infinitivo* usa-se para indicar uma ação ou ações que estão a decorrer ______________.

2. Esta forma progressiva constrói-se com o verbo *Estar* no ______________, seguido da preposição **a** mais um verbo no ______________.

Estar a + Infinitivo **usa-se para falar de ações em curso.**

C. **Observa as imagens e diz o que é que estas pessoas estão a fazer. Escreve frases completas usando alguns destes verbos.**

Exemplo:

A Rita está a fotografar.

cozinhar	ler	conversar	beijar	ver
estudar	escrever	conduzir	desenhar	brincar
trabalhar	jogar	***fotografar***	varrer	

1
2
3
4
5
13
6
12
7
8
9
10
11

1. ....
2. ....
3. ....
4. ....
5. ....
6. ....
7. ....
8. ....
9. ....
10. ....
11. ....
12. ....
13. ....

D. **Agora vamos trabalhar em grupo. A turma deve estar dividida em várias equipas. Um colega simula várias ações. Têm de descobrir o que ele está a fazer.**

E. **Olha para as imagens e escreve frases de acordo com o exemplo.**

> Exemplo:
> ***António / apanhar sol***
> Quem está a apanhar sol?
> O António está a apanhar sol.

O António. Ele está a apanhar sol.

Quem está a...

1. ...
2. ...
3. ...
4. ...
5. ...
6. ...
7. ...
8. ...
9. ...

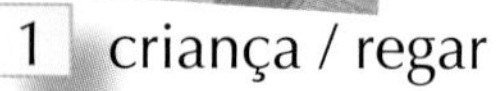

1 criança / regar

2 Rosa / ler

9 cozinheiro / cozinhar

8 Paula / jogar à bola

3 Senhor Carlos / chamar um táxi

4 estudantes / trabalhar no computador

5 amigos / apanhar o autocarro

6 secretária / fazer uma chamada

7 Luís / nadar

F. **Responde às seguintes questões.**

1. O que é que estás a fazer?

2. E o teu professor? O que é que ele está a fazer?

3. E o teu colega da frente? E o do lado?

Secção B – Conjunção temporal *enquanto*

A. **Lê as seguintes frases e toma atenção.**

> A Yuan está a comer um pastel de nata ***enquanto*** o Pedro está a treinar saltos de *skate*.
> ***Enquanto*** a Ília está a fazer compras, o Franz está a visitar o museu.

B. **Completa as seguintes frases com as palavras do quadro.**

diferentes simultâneas iguais

1. *Enquanto* usa-se para indicar ações ____________ ____________.

A conjunção temporal *enquanto* utiliza-se para exprimir ações diferentes simultâneas.

C. **O que é que eles estão a fazer? Escreve frases. Segue o exemplo:**

Maria

irmão

Exemplo:

A Maria está a ouvir música enquanto o irmão está a ver televisão.

1
Sr. Carlos Joana

2
Mariana Cristina

3
Pedro João

4
Catarina irmã

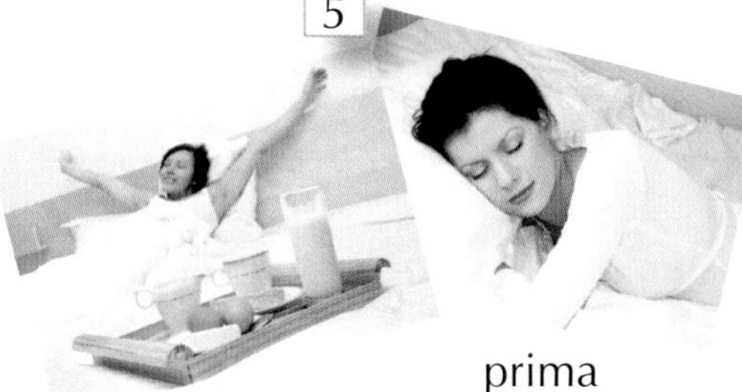
5
Ana prima

6
Helena Teresa

7
Marta Paula

8
Patrícia Gonçalo

1. ....
2. ....
3. ....
4. ....
5. ....
6. ....
7. ....
8. ....

D. **Completa as frases seguintes. Segue o exemplo:**

Exemplo:

Enquanto vocês .... (comprar) postais, nós .... (ver) o mapa de Lisboa.
Enquanto vocês estão a comprar postais, nós estamos a ver o mapa de Lisboa.

1. Enquanto nós ...., eles ....
2. Eu ...., enquanto tu ....
3. Vocês ...., enquanto ela ....

Secção C - Localizar/Situar geograficamente
Presente do Indicativo do verbo *Ficar*
Diferença entre *Estar* e *Ficar*

A. **Lê as frases com atenção e observa as palavras destacadas:**

O Museu Nacional de Arte Antiga ***fica*** na rua das Janelas Verdes.
Este bairro ***fica*** entre a Madragoa e o rio Tejo.
Esta zona ***fica*** numa parte nova da cidade.

B. **Verdadeiro ou Falso? Assinala com um X as opções corretas.**

1. O verbo ***ficar*** usa-se para situar
   a) pessoas e animais no espaço. ☐
   b) ruas, avenidas e bairros. ☐
   c) edifícios, prédios... ☐

Ficar em **usa-se para dar ou pedir informações sobre localização no espaço.**

Mas repara na diferença!

Estar	Ficar
• O Pedro e a Ana estão na escola. • O Algodão, o gato da Ana, está no jardim. • Os livros estão em cima da mesa. • A caneta está dentro do estojo. • Os sapatos estão debaixo da cadeira. • Nós estamos no Largo de Camões.	• Lisboa e Porto ficam em Portugal. • Portugal fica na Europa. • O lago do Alqueva fica perto da fronteira com Espanha. • O Mosteiro dos Jerónimos e o Padrão dos Descobrimentos ficam em Belém. • Gouveia fica ao pé da Serra da Estrela. • A Assembleia da República fica na Rua de S. Bento. • O Bairro Alto fica na parte velha da cidade. • A escola do Pedro fica na Avenida General Roçadas. • A casa do Pedro fica na Rua Paiva Couceiro.

C. **Observa este mapa de Lisboa. Muitos nomes já são do teu conhecimento. Agora imagina que estás na cidade e que queres saber onde ficam estes locais. Constrói diálogos com o teu colega do lado. Segue o exemplo:**

Exemplo:

A: Onde fica o Chiado?
B: O Chiado fica ao pé do Bairro Alto, na zona histórica da cidade.

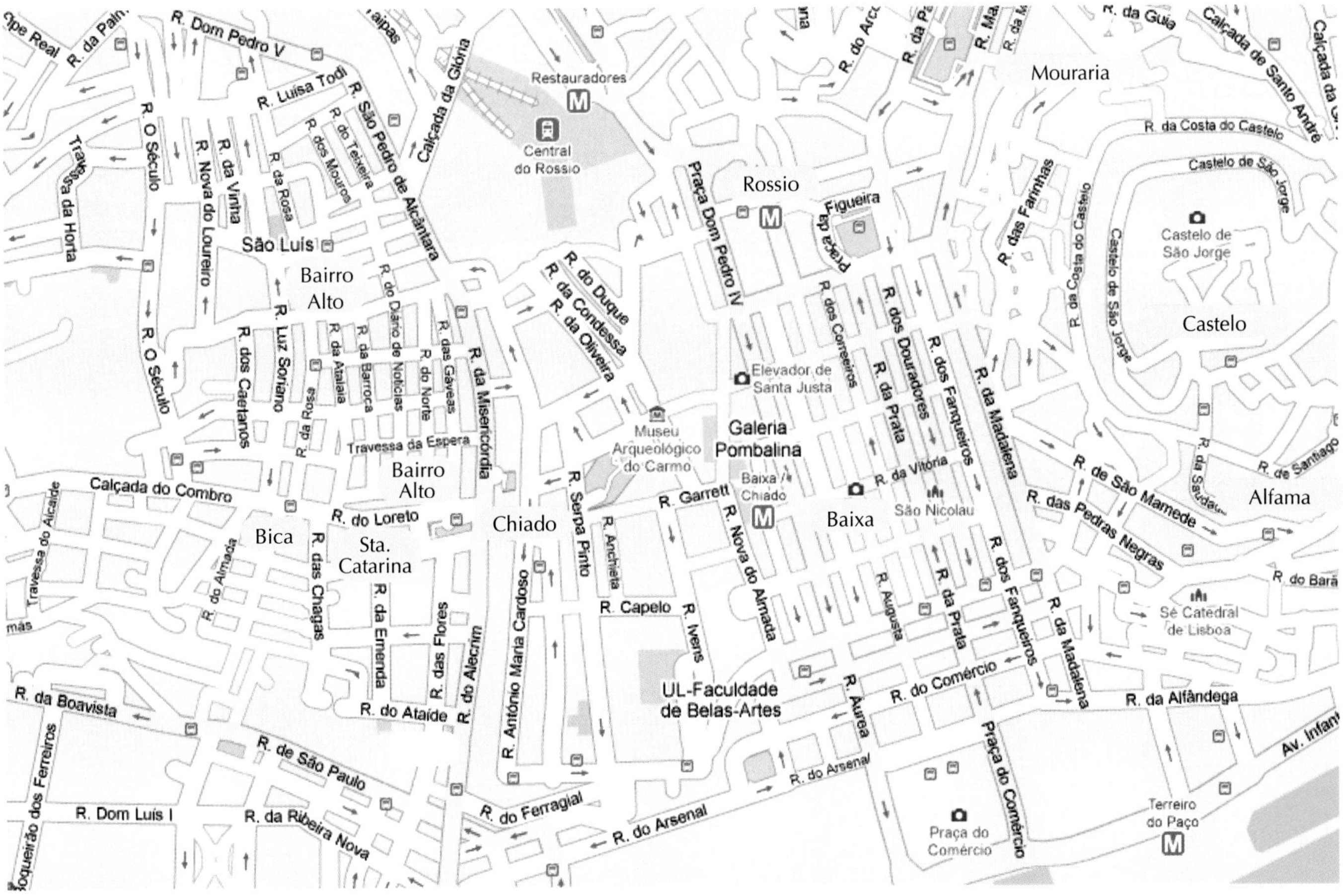

Restauradores
Central do Rossio
Rossio
Mouraria
Castelo de São Jorge
Castelo
São Luís
Bairro Alto
Elevador de Santa Justa
Museu Arqueológico do Carmo
Galeria Pombalina
Baixa Chiado
Baixa
São Nicolau
Alfama
Bica
Sta. Catarina
Chiado
Sé Catedral de Lisboa
UL-Faculdade de Belas-Artes
Praça do Comércio
Terreiro do Paço

Atividade 3

Vocabulário

Locais na cidade

A. **Observa a gravura e escreve frases seguindo o exemplo.**

> **Exemplos:**
>
> A escola fica entre os correios e a sapataria.
> Os correios ficam ao lado da escola.

1. ______________________________
2. ______________________________
3. ______________________________
4. ______________________________
5. ______________________________
6. ______________________________

Atividade 4

Falar / Escrever

A. **Escolhe um dos postais e descreve-o à turma.**

Atividade 5

Escrever

A. **Observa o quadro do pintor *naif* Fernando Costa e descreve-o. Utiliza os conteúdos gramaticais e lexicais que aprendeste ao longo da unidade. Podes consultar a primeira página da unidade.**

COSTA, Fernando
Igreja de Santiago, Coimbra (1986)

Trabalho de grupo

Todas as cidades têm locais de interesse.
Com os teus colegas, escolhe uma cidade e elabora um folheto turístico.
Podem recolher informação na Internet, revistas, guias, etc.

Já sou capaz de:

	🙂	😐	🙁
falar de ações em curso	☐	☐	☐
falar de ações / situações diferentes simultâneas	☐	☐	☐
comparar ações / situações	☐	☐	☐
falar sobre locais na cidade	☐	☐	☐
localizar / situar geograficamente	☐	☐	☐
dar / perguntar informações sobre localização no espaço	☐	☐	☐

UNIDADE 6

Uma escola como a minha!

Vamos aprender a:

- Comunicar na sala de aula
- Falar sobre espaços da escola / atividades
- Indicar o horário escolar
- Descrever diferentes tipos de escolas
- Dar opinião sobre a escola

Vamos aprender:

- Presente do Indicativo dos verbos regulares e irregulares

Vamos aprender:

- Espaços da escola / objetos da sala de aula
- Atividades da escola
- Discurso da sala de aula
- Disciplinas / material escolar

Tarefas

Atividade 1

Vocabulário

Secção A
- Espaços da escola / atividades

Secção B
- Discurso da sala de aula

Atividade 2

Estudo da Língua

Secção A
- Presente do Indicativo dos verbos regulares e irregulares

Atividade 3

Vocabulário

Secção C
- Objetos da sala de aula
- Disciplinas / material escolar

Atividade 4

Ouvir / Ler / Escrever

- Texto *Escolas do mundo*
- Responder a questões

Atividade 5

Falar

- Dar uma opinião sobre a escola

Atividade 6

Escrever

- Escrever um texto sobre a escola

Trabalho de grupo

Criar um blogue para intercâmbio com outras escolas através da Internet.

Atividade 1

Vocabulário

Secção A – Espaços da escola / Atividades

A. **O Pedro mostra a escola aos seus amigos. Ouve e repete o que ele diz.**

1. a secretaria
2. o pátio
3. a sala de aula
4. a biblioteca
5. o laboratório
6. a sala de informática 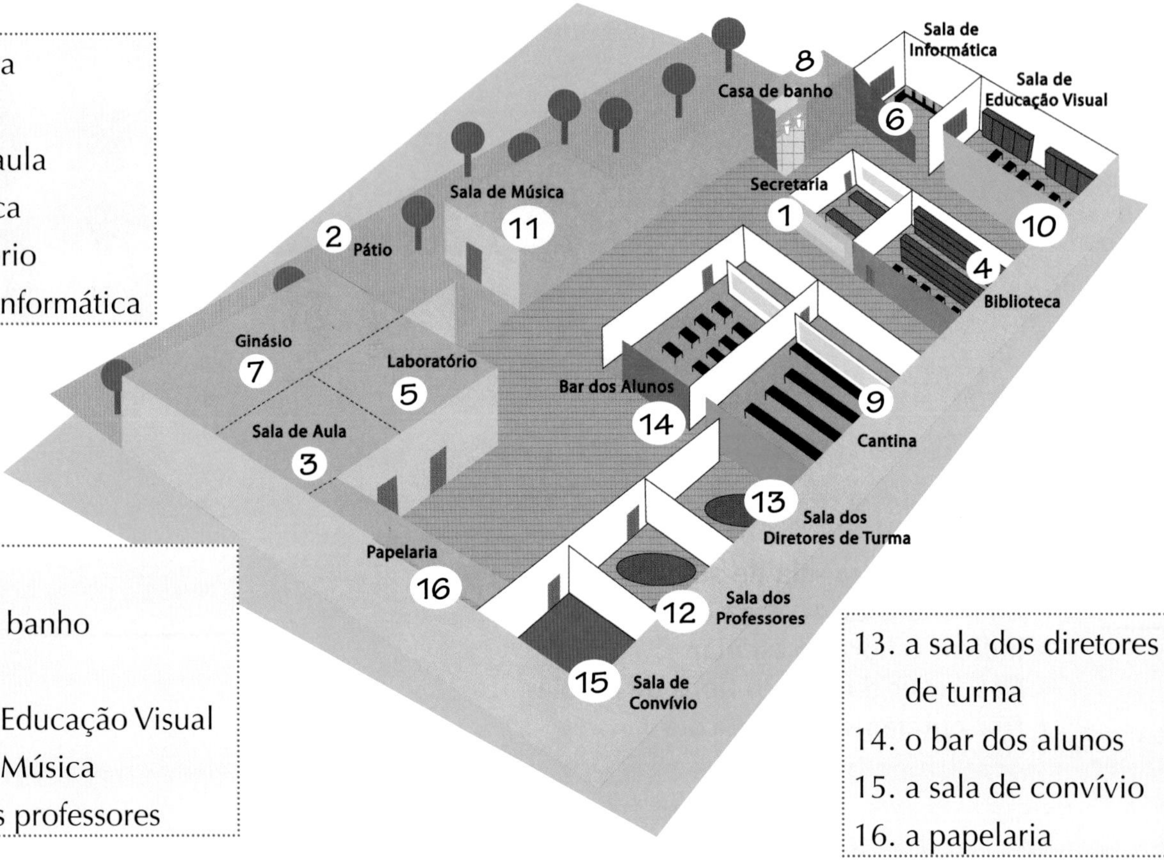
7. o ginásio
8. a casa de banho
9. a cantina
10. a sala de Educação Visual
11. a sala de Música
12. a sala dos professores
13. a sala dos diretores de turma
14. o bar dos alunos
15. a sala de convívio
16. a papelaria

B. **Relaciona os espaços da escola com as atividades abaixo indicadas. Faz a correspondência. Segue o exemplo:**

> Exemplo:
>
> O que é que os alunos podem fazer **na biblioteca**? **(7)**
> Ler, estudar e fazer os trabalhos de casa. **(j)**

1. na sala de Informática
2. no ginásio
3. na sala de aula
4. no bar
5. no laboratório
6. no pátio
7. na biblioteca
8. na sala de Educação Visual
9. na papelaria
10. na sala de Música

a) Fazer experiências de física, química e biologia.
b) Pesquisar e navegar na *net*.
c) Ouvir os professores das diferentes disciplinas.
d) Aprender música.
e) Comer e beber.
f) Brincar, jogar e falar com os amigos.
g) Desenhar e pintar.
h) Comprar material escolar.
i) Fazer ginástica e praticar exercício físico.
j) Ler, estudar e fazer os trabalhos de casa.

Secção B – Discurso da sala de aula

A. Ouve o que a professora diz e completa o diálogo seguinte com as palavras do quadro.

Abra o livro
Qual é a página
no livro ou no caderno
Silêncio
esteja com atenção
o sumário
Posso fazer uma pergunta
trabalhos de casa
Posso entrar

Pedro: Boa tarde. ____________________ ?
Professora: Sim, entre. ____________________ e o caderno.
Pedro: ____________________, se faz favor?
Professora: Página 28. ____________________ ! Estejam calados.
Pedro: Desculpe professora, mas não fiz os ____________________ .
Professora: Então agora ____________________ e escreva ____________________ .
Pedro: Tenho uma dúvida. ____________________ ?
Professora: Pode.
Pedro: Faço o exercício ____________________ ?

B. O que é que eles estão a dizer? Ouve e faz a correspondência entre as imagens e as frases da página seguinte.

1

2

3

4

5

6

7

8

9

10

1. Desculpe. Posso entrar? ☐
2. Pedro, estás atrasado! ☐
3. A minha resposta está igual a essa! ☐
4. Atenção! Olhem para o quadro! ☐
5. Posso fazer uma pergunta? ☐
6. Nós as três temos outra ideia! ☐
7. Posso dar a minha opinião? ☐
8. Ília, podes emprestar-me uma caneta? ☐
9. Silêncio! Estão a fazer muito barulho. ☐
10. Professor, um momento! Estou a pensar na resposta! ☐

Atividade 2

Estudo da Língua

Secção A – Presente do Indicativo dos verbos regulares e irregulares

A. **Lê as frases com atenção e observa as palavras destacadas.**

> ***Ler***, ***estudar*** e ***fazer*** os trabalhos de casa.
> ***Pesquisar*** e ***navegar*** na *Internet*.

B. **Completa corretamente as frases com as palavras do quadro.**

ações Infinitivo verbos

1. *Ler, estudar, fazer, pesquisar, navegar* são ______________________ .
2. Estas palavras indicam ______________________ .
3. *Ler, estudar, fazer, pesquisar, navegar* estão no ______________________ .

C. **Ouve o que estas pessoas fazem *todos os dias* na escola.**

1. O professor ensina Matemática.

2. Os alunos estudam Geografia.

3. A empregada vende comida no bar.

4. Os alunos conversam.

5. O empregado varre a sala de aula.

6. A telefonista atende o telefone.

7. O porteiro abre o portão às 7 horas.

8. Os alunos vão para a escola.

9. O cozinheiro serve o almoço ao meio-dia.

10. Os alunos ouvem o professor.

11. A professora faz ginástica.

12. Os alunos veem televisão no intervalo.

13. Os Encarregados de Educação sobem as escadas.

As palavras a **laranja** e a **azul** indicam ações. São verbos. As palavras a **laranja** são verbos regulares porque o seu radical não sofre qualquer alteração. As palavras a **azul** são verbos irregulares. Estes verbos têm terminações diferentes porque não mantêm o radical em toda a flexão.

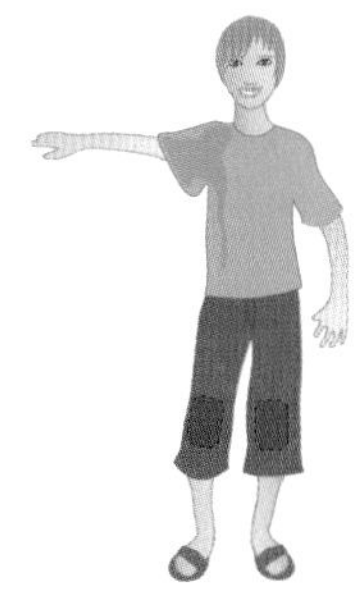

Verbos Regulares

Em português existem três tipos de conjugações:
1ª Conjugação - verbos de tema em -a Exemplos: morar, ficar
2ª Conjugação - verbos de tema em -e Exemplos: viver, escrever
3ª Conjugação - verbos de tema em -i Exemplos: partir, abrir

Formação

Verbos Regulares - Forma Afirmativa

Pronomes pessoais sujeito	Falar	Comer	Abrir
eu	falo	como	abro
tu	falas	comes	abres
ele, ela, você, o senhor, a senhora	fala	come	abre
nós	falamos	comemos	abrimos
eles, elas, vocês, os senhores, as senhoras	falam	comem	abrem

Verbos regulares são os verbos que mantêm o radical (a parte invariável) em todas as formas da sua flexão.

Verbos Irregulares

Formação			
Verbos Irregulares - Forma Afirmativa			
Pronomes pessoais sujeito	**Dar**	**Fazer**	**Ir**
eu	dou	faço	vou
tu	dás	fazes	vais
ele, ela, você, o senhor, a senhora	dá	faz	vai
nós	damos	fazemos	vamos
eles, elas, vocês, os senhores, as senhoras	dão	fazem	vão

Verbos irregulares são os verbos que não mantêm o radical (a parte invariável) em todas as formas da sua flexão.

D. Completa as frases com a forma adequada do verbo. Segue o exemplo:

Exemplo:

O Pedro __________ (*entrar*) na sala de aula de manhã.
O Pedro entra na sala de aula de manhã.

1. O Pedro __________ (sair) do ginásio.
2. Eu __________ (ir) à escola de manhã.
3. A Yuan __________ (comprar) os cadernos na papelaria da escola.
4. Nós __________ (trazer) o lanche de casa.
5. O Franz e a Ana __________ (beber) um sumo no bar dos alunos.
6. A Yuan __________ (pintar) com aguarelas o trabalho de Educação Visual.
7. A Ana e as colegas __________ (almoçar) na cantina.
8. O João __________ (tocar) flauta na sala de Música.
9. A professora __________ (pedir) aos alunos os trabalhos de casa.
10. O João e os colegas __________ (andar) de *skate* no pátio.
11. Os alunos __________ (gostar) de fazer visitas de estudo.
12. A Ília __________ (consultar) um livro na biblioteca.
13. Tu e a Ília __________ (fazer) a experiência na bancada do laboratório.
14. A telefonista __________ (atender) o telefone.
15. O Diretor da escola __________ (sair) tarde todos os dias.
16. A empregada do bar __________ (servir) os alunos.
17. Os Diretores de Turma __________ (reunir) com os Encarregados de Educação todos os períodos.

Atividade 3

Vocabulário

Secção C – Objetos da sala de aula
Disciplinas / Material escolar

A Ília está a ler as mensagens do quadro da sala de aula.

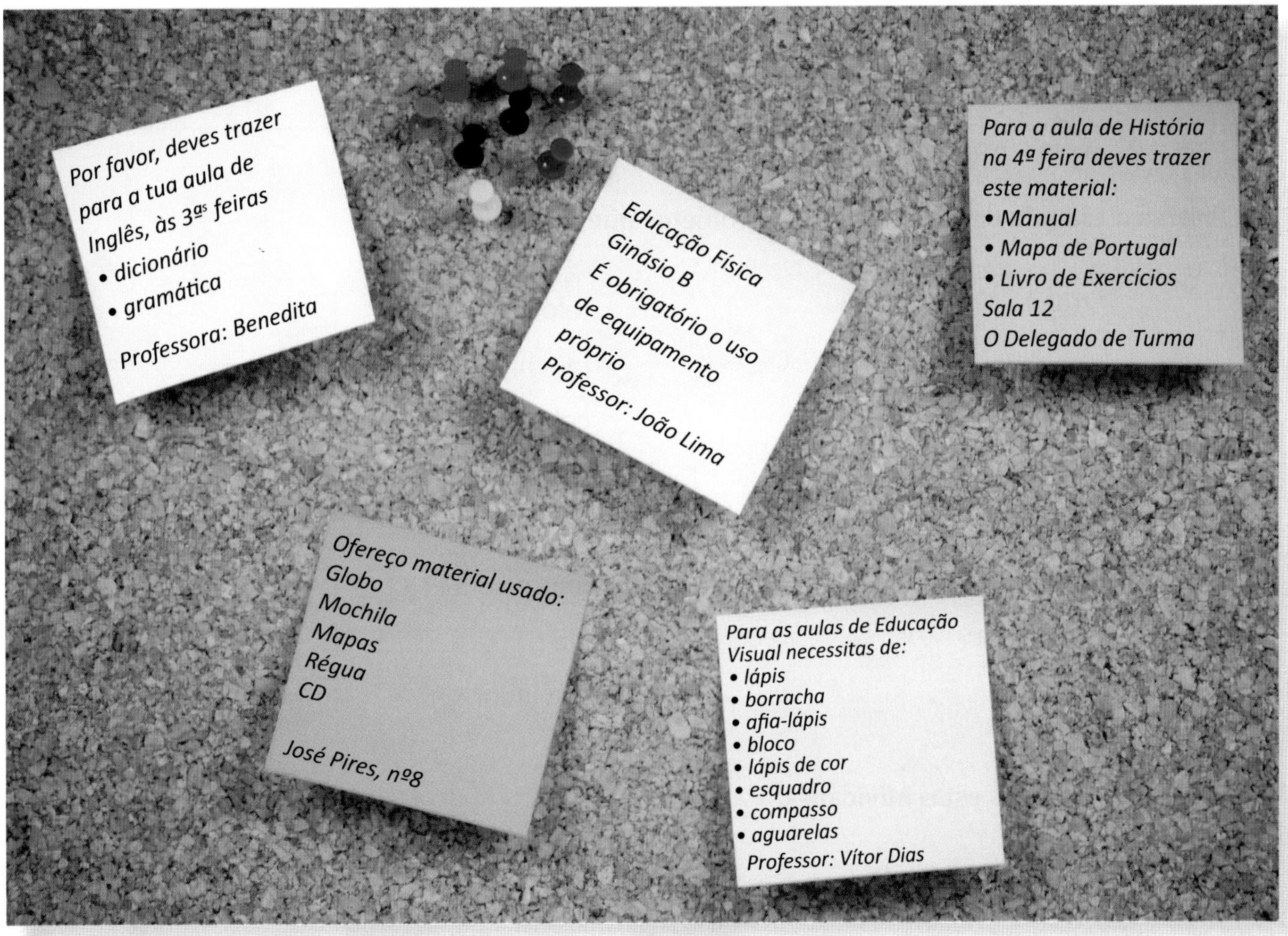

Por favor, deves trazer para a tua aula de Inglês, às 3ªs feiras
• dicionário
• gramática
Professora: Benedita

Educação Física
Ginásio B
É obrigatório o uso de equipamento próprio
Professor: João Lima

Para a aula de História na 4ª feira deves trazer este material:
• Manual
• Mapa de Portugal
• Livro de Exercícios
Sala 12
O Delegado de Turma

Ofereço material usado:
Globo
Mochila
Mapas
Régua
CD
José Pires, nº8

Para as aulas de Educação Visual necessitas de:
• lápis
• borracha
• afia-lápis
• bloco
• lápis de cor
• esquadro
• compasso
• aguarelas
Professor: Vítor Dias

A. **Lê e descobre:**

- quatro disciplinas ______________________________
- sete nomes de objetos de material escolar ______________________________

____

- dias da semana ______________________________
- espaços da escola ______________________________

B. Responde às perguntas:

1. Em que sala é que os alunos têm História?

____

2. Que material é necessário para as aulas de Educação Visual?

____

3. Que material usado oferece o José Pires?

____

4. Quem é a professora de Inglês?

____

5. Que material é necessário para as disciplinas de História e Educação Física?

____

6. Indica qual o material que habitualmente trazes para a escola.

____

____

C. Observa a tua sala de aula e assinala os objetos que vês.

lápis	☐	relógio	☐
quadro	☐	mochila	☐
cola	☐	calculadora	☐
tesoura	☐	cesto de papéis	☐
mapa	☐	computador	☐
marcador	☐	impressora	☐
secretária	☐	giz	☐
caneta	☐	apagador	☐

D. Indica quando fazes estas atividades.

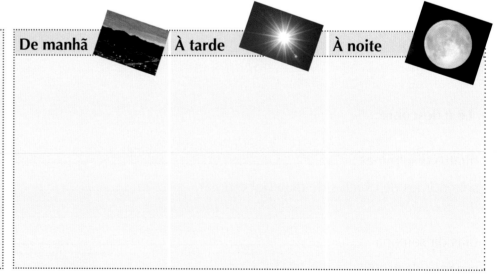

almoçar
estudar
lanchar
tomar o pequeno-almoço
apanhar o autocarro
sair da escola
ter aulas de Matemática
ter aulas de Português
fazer os trabalhos de casa
jantar
ver televisão

De manhã	À tarde	À noite

Observa o horário.

Horas	2ª Feira	3ª Feira	4ª Feira	5ª Feira	6ª Feira
08:15	Português	Inglês		Matemática	Português
09:00	Inglês	Matemática	Português		Geografia
10:05	Matemática	Ciências da Natureza	Físico-Química	Português	Inglês
10:50	Educação Física	Geografia	Área de Projeto	Ciências da Natureza	Educação Física
11:50	Formação Cívica	Francês	Matemática	Estudo Acompanhado	Francês
12:35	Almoço	Almoço	Almoço	Almoço	Almoço
13:35	Almoço	Almoço	Almoço	Almoço	Almoço
14:20	Educação Visual	Educação Musical		Físico-Química	Educação Visual
15:20	Área de Projeto		Tarde Livre	Clube da Matemática	
16:05					
17:10					

E. **Indica quatro diferenças entre este horário e o teu.**
Segue o exemplo:

Exemplo:
À 2ª feira não tenho Inglês, mas tenho à 3ª feira.

F. **Responde às seguintes questões.**

1. Quais são as tuas disciplinas preferidas? Justifica.

2. Quais são as disciplinas de que não gostas?

3. Qual é o teu dia da semana preferido? Porquê?

4. Preferes ter aulas de manhã ou de tarde?

Atividade 4

Ouvir / Ler / Escrever

A. **Ouve e lê os seguintes textos.**

Escolas do mundo

Eu sou a Makena. Sou sul-africana. Ando na escola Ellerton que fica perto da praia, em Sea Point. Esta escola fica longe da minha casa.
Chego à escola às 7h30. Levo livros, lápis e canetas. Levo sempre o almoço de casa. A minha escola não é muito grande e não tem boas instalações, mas o ensino é de qualidade. O Inglês, o Africânder, a Matemática, as Ciências da Natureza e a História são disciplinas obrigatórias. As disciplinas opcionais são o Francês ou o Alemão. Eu gosto muito de Ciências da Natureza.
Na minha turma, somos 23 e sentamo-nos em grupos de 6. No intervalo, brincamos ou falamos uns com os outros, mas os rapazes preferem jogar à bola. Eu gosto de ir à escola porque tenho muitos amigos. Tenho bons professores, eles ensinam bem e ajudam muito os alunos. A minha professora preferida é a professora de Ciências. Ela é exigente e com ela fazemos muito trabalho de campo. Estudamos as plantas, os animais, os tipos de solo e os alimentos.
Há um convívio uma vez por mês com os alunos, os pais e os professores. Cantamos o hino da escola e o hino nacional. É o meu dia preferido.

O meu nome é Sheraz. Frequento uma escola para raparigas em Cabul. Começo as aulas às 7 horas. Uso o uniforme da escola: uma túnica, calças pretas e um lenço branco. Vou a pé para a escola. Levo 30 minutos. Não vou sozinha. Vou com as minhas duas irmãs. Os meus irmãos frequentam uma escola diferente. Na escola, as alunas sentam-se num tapete durante as aulas. Eu sento-me junto da minha melhor amiga, a Hafiza. A minha disciplina preferida é Dari. Dari é a minha língua. Eu acho que é fácil. À tarde, no pátio da escola, converso com as minhas colegas e lancho.

Sou o Pedro. Não vivo longe da escola. As minhas aulas começam às 8h30. A minha escola é grande e antiga. Há coisas de que gosto e coisas de que não gosto. Física e Inglês são as minhas disciplinas preferidas, mas não gosto de História. Adoro Educação Física e faço parte da equipa de basquetebol.

Almoço na cantina, mas detesto a comida. Gosto da maioria dos meus professores. Acho que eles são simpáticos e sempre prontos a ajudar. Mas o professor de História é muito exigente e está sempre a chamar a atenção dos alunos.

Sou a Cindy. Vivo em Boston e frequento uma escola secundária. Ao contrário de alguns colegas, tenho uma boa relação com os meus pais. Eu gosto da escola. Porquê? Porque tenho um grupo de amigos muito grande. Os professores reparam que eu estou desatenta muitas vezes. E é verdade! Estou sempre ansiosa pelo intervalo. É o momento da escola mais divertido.

B. Olha para o mapa e diz qual dos alunos é de:

1. um país europeu: ______________________
2. um país asiático: ______________________
3. um país africano: ______________________
4. um país americano: ______________________

**C. Lê novamente os textos.
Quem é que:**

1. usa uniforme na escola? ______________________
2. tem uma boa relação com os pais? ______________________
3. chega à escola às 7h30? ______________________
4. pratica um desporto? ______________________
5. vai a pé para a escola? ______________________
6. detesta a comida da escola? ______________________
7. leva comida de casa? ______________________
8. almoça na cantina? ______________________
9. frequenta uma escola feminina? ______________________
10. está sempre à espera do intervalo? ______________________
11. gosta muito de Ciências? ______________________
12. fala dari? ______________________

D. Responde às perguntas.

1. Como é a escola da Makena?

____

____

2. O que é que a Makena pensa da escola dela?

____

____

3. Como é o uniforme da Sheraz?

____

____

4. O que distingue a escola da Sheraz das outras?

____

____

5. De que é que o Pedro gosta e não gosta na escola?

____

____

6. Por que é que a Cindy adora a escola?

____

____

Atividade 5

Falar

A. **Agora faz estas perguntas ao teu colega sobre a escola.**

1. De que gostas na escola?

2. De que é que não gostas na escola?

3. Quais são as disciplinas mais fáceis para ti? E as mais difíceis?

4. Quais são as qualidades que aprecias num professor?

Atividade 6

Escrever

Blogging - uma brilhante ideia!

O que é um blogue? É um jornal ou um diário em linha (*online*). Deves atualizar o blogue com frequência. Coloca sempre a data. Os autores podem escolher o seu público e permitir ou não comentários. O blogue é um meio excelente para trocar opiniões ou informações com estudantes de todo o mundo. Podes trocar impressões sobre a escola, o dia a dia, os passatempos, etc.

A. **Escreve um texto sobre a tua escola. Podes referir:**

- **a localização;**
- **os espaços;**
- **as disciplinas;**
- **as atividades;**
- **a relação com os professores;**
- **a tua opinião sobre a escola.**

Trabalho de grupo

Com os teus colegas, cria um blogue. Vejam como em *www.studentzone.blogspot.com.*
Contactem com outras escolas e partilhem experiências.
No blogue, coloquem o que consideram mais interessante sobre cada uma das escolas.

Já sou capaz de:

	🙂	😐	🙁
falar sobre espaços da escola / atividades	☐	☐	☐
comunicar na sala de aula	☐	☐	☐
indicar o horário escolar	☐	☐	☐
descrever diferentes tipos de escola	☐	☐	☐
dar opinião sobre a escola	☐	☐	☐

UNIDADE 7

Jovens de todo o Mundo!

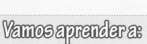

Vamos aprender a:

- Falar de ações habituais no presente
- Exprimir verdades científicas
- Identificar alimentos
- Falar de hábitos alimentares

Vamos aprender:

- Atividades do dia a dia
- Alimentos
- Refeições

Vamos aprender:

- Emprego do Presente do Indicativo
- Advérbios e locuções adverbiais
- Conjugação pronominal
- Colocação do pronome na frase
- Formação da interrogativa

Tarefas

Atividade 1

Vocabulário

Secção A - Atividades do dia a dia

Atividade 2

Ouvir / Ler / Escrever

- Ler o texto *Jovens de todo o mundo*
- Exercícios de correspondência
- Corrigir informações
- Completar frases
- Escrever frases

Atividade 3

Estudo da Língua

Secção A
- Emprego do Presente do Indicativo

Secção B
- Advérbios e locuções adverbiais

Secção C
- Conjugação pronominal
- Colocação do pronome na frase

Secção D
- Formação da interrogativa

Atividade 4

Vocabulário

Secção B
- Identificar alimentos
- Refeições

Atividade 5

Escrever

- Escrever um pequeno texto sobre o dia a dia, a gastronomia e os hábitos do país

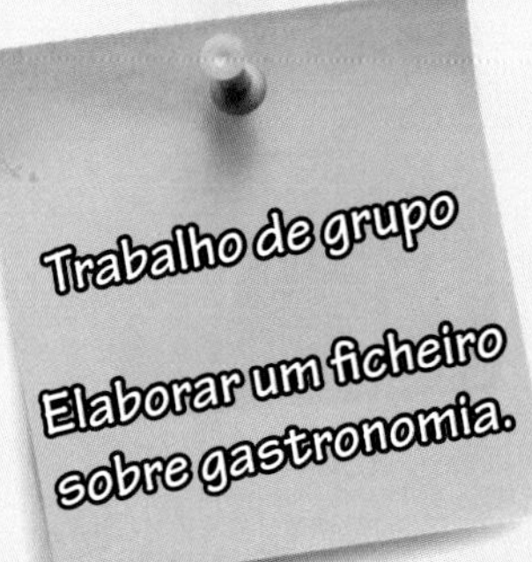
Trabalho de grupo
Elaborar um ficheiro sobre gastronomia.

Atividade 1

Vocabulário

Secção A – Atividades do dia a dia

A. **Observa as imagens. Elas estão desordenadas. Completa o círculo (de manhã, à tarde, à noite).**

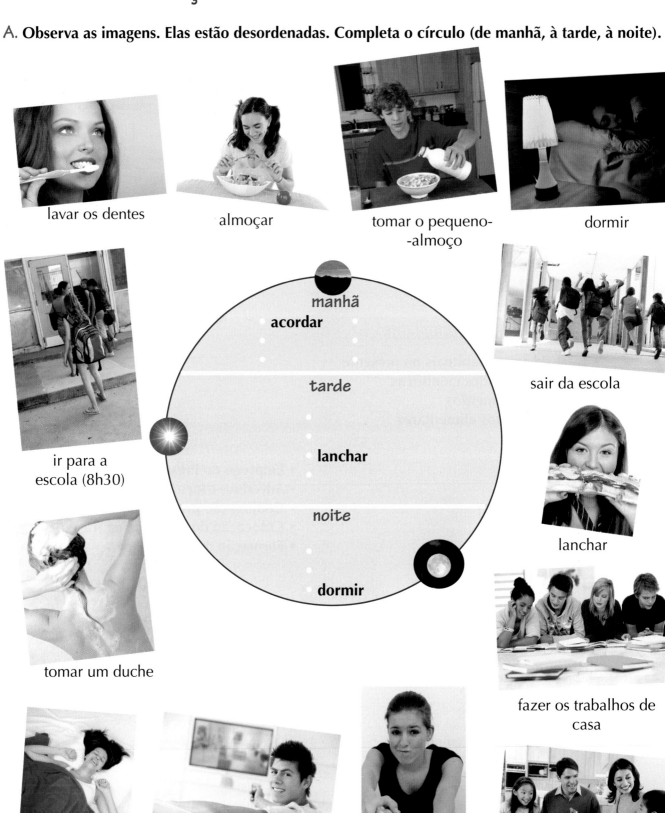

lavar os dentes

almoçar

tomar o pequeno--almoço

dormir

ir para a escola (8h30)

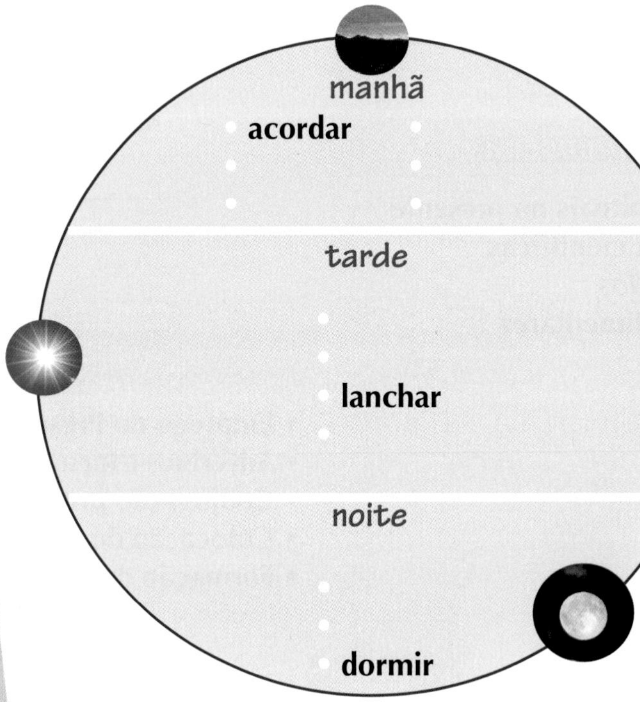

manhã
- **acordar**

tarde
- **lanchar**

noite
- **dormir**

sair da escola

lanchar

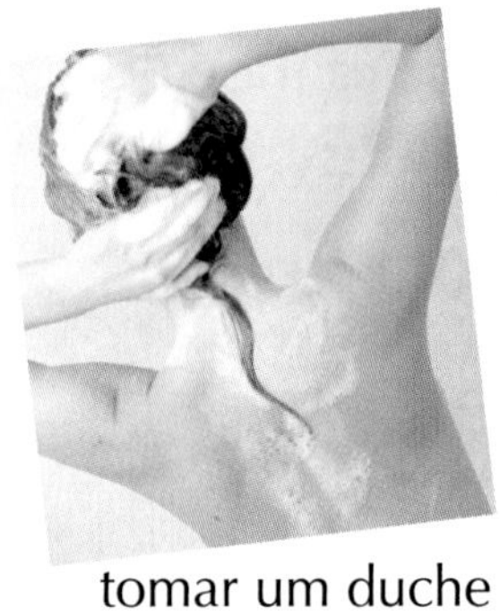

tomar um duche

fazer os trabalhos de casa

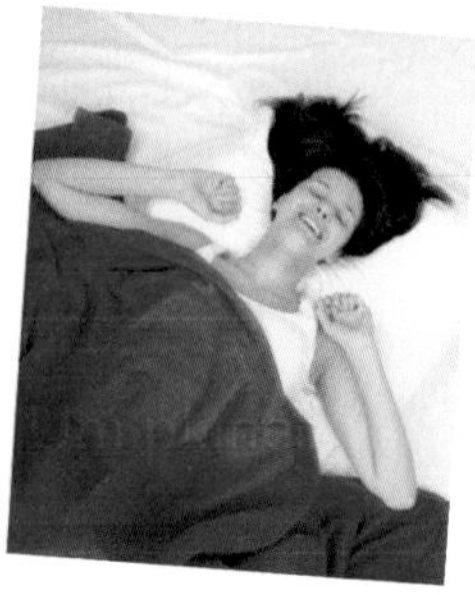

acordar

ver televisão

jogar

jantar

B. **Estabelece a correspondência entre A e B.**

A	B
1. lavar	a) os trabalhos de casa
2. pentear	b) os dentes
3. tomar	c) aulas
4. arrumar	d) o cabelo
5. tomar	e) o pequeno-almoço
6. levantar-se	f) para a escola
7. apanhar	g) a mochila
8. sair	h) de casa
9. ir	i) um duche
10. ter	j) o autocarro
11. fazer	k) cedo

Atividade 2

Ouvir / Ler / Escrever

A. **Ouve e lê os textos de jovens de vários países sobre o seu dia a dia.**

Jovens de todo o Mundo

Michael, 15 anos, Austrália

Eu sou o Michael. Sou da Austrália. Vivo com os meus pais numa quinta que fica longe da escola. Faço todos os dias os trabalhos de casa sozinho e falo com a minha professora pela *internet* quando tenho dúvidas. Os meus colegas também me enviam alguns apontamentos, quando não posso ir à escola na época das chuvas. Acordo muito cedo. Tomo um bom duche, visto-me e penteio-me rapidamente porque vou de jipe com o meu pai. Todas as manhãs, tomo um grande pequeno-almoço. Como ovos com *bacon* e pão e bebo sumo de laranja.
Almoço na escola e gosto muito da comida da cantina. Jantamos cedo, por volta das 18h. Depois do jantar, ajudo o meu pai a guardar o gado.
Ao fim de semana jogo futebol australiano. É diferente do futebol europeu porque os jogadores podem apanhar a bola com a mão, correr com ela e as equipas têm 18 jogadores. Podem contactar-me através do meu *e-mail*.

Simone, 13 anos, França

Vivo com os meus pais e as minhas irmãs gémeas. Tenho grandes zangas com as minhas irmãs porque usam sempre a minha roupa sem pedir autorização, o que me enerva. Ainda pior, põem a música em altos berros e estão frequentemente a mandar mensagens do meu telemóvel. Frequento uma escola secundária.
Vou a pé e tomo sempre o pequeno-almoço em casa com a minha mãe. Ela raramente janta em casa porque trabalha até tarde. Depois da escola tenho aulas de piano. À noite vejo as minhas séries preferidas e espero pela minha mãe. Ela é uma das minhas melhores amigas e gosto muito de conversar com ela.
Quero saber mais sobre outros países. Contacta-me!
Vê o meu perfil no *Hi5*.

Weaver
Perfil

Procura: Fazer amigos
Nº de amigos: 183
Comentários ao perfil: 54

Ília, 14 anos, Senegal

Estou há um ano a viver em Portugal com os meus pais e irmãos. Falo wolof, francês e português.
Os meus avós vivem em Dacar, a capital do meu país, o Senegal. O Senegal, como é um país tropical, tem duas estações, a estação das chuvas e a estação seca. Os meus avós trabalham no centro da cidade, a minha avó é enfermeira e o meu avô tem uma galeria de artesanato.
Em África amanhece muito cedo e, por isso, todos acordam por volta das seis.
No Senegal, habitualmente, as famílias almoçam e jantam em casa. Nunca almoçamos fora. O meu avô fala com muitos turistas e, às vezes, tem histórias para contar. Eles riem-se e divertem-se muito com as piadas dele. É engraçado como as pessoas têm hábitos diferentes. Por exemplo, a sesta é um hábito que nós temos porque faz sempre muito calor à hora do almoço, mas aqui, em Portugal, não há esse costume. Por isso, quando tenho aulas à tarde tenho sono. Normalmente, estou no *messenger* às 21h.

B. Faz a correspondência de forma a construíres frases verdadeiras.

1. O Michael faz sempre os trabalhos de casa sozinho	**a)** porque não tem as mesmas regras do europeu.
2. Às vezes, o Michael não pode ir à escola	**b)** porque vive longe da escola.
3. O futebol australiano é diferente	**c)** por causa do mau tempo.

C. Corrige as informações incorretas.

1. A Simone tem duas irmãs com idades diferentes.
2. A Simone nunca se irrita com as irmãs.
3. A Simone e a mãe têm uma boa relação.

D. Completa as frases:

1. A Ília fala wolof porque é ____________________
2. Em África, as famílias têm o hábito ____________________
3. A Ília tem sono à tarde porque ____________________

E. Compara o teu o dia a dia com o destes jovens. Refere 6 semelhanças.

Atividade 3

Estudo da Língua

Secção A – Falar de ações habituais no presente
Exprimir verdades científicas
Emprego do Presente do Indicativo

Como vês, o Presente do Indicativo usa-se para indicar:
ações habituais quotidianas e verdades científicas.

A. **Observa as palavras a laranja.**

Faço todos os dias os trabalhos de casa.
Os meus avós vivem em Dacar.
O Senegal tem duas estações: a estação seca e a estação das chuvas.
Raramente, as famílias jantam fora de casa.

Repara que os verbos destas frases estão no Presente do Indicativo.

B. **Lê as frases seguintes e coloca os verbos na forma correta.**

1. A água (ferver) a 100º C.

____

2. Os meus tios, habitualmente, (passar) as férias no Porto.

____

3. A minha irmã (ler) um livro todos os meses.

____

4. O Sol (nascer) a Leste.

____

5. No Senegal, a maioria das pessoas (fazer) a sesta.

____

6. Todas as noites (sair) e (dar) uma volta depois do jantar.

____

7. A Terra (girar) à volta do Sol.

____

8. Às vezes, (ir) ao cinema.

____

9. Um planeta não (ter) luz própria.

____

10. Eu nunca (tomar) café depois de jantar.

____

Secção B – Advérbios e locuções adverbiais

A. **Lê as frases e observa com atenção as palavras em itálico.**

Faço ***geralmente*** os trabalhos de casa sozinho e ***raramente*** peço ajuda.

À noite, vejo as minhas séries preferidas e ***às vezes*** deito-me tarde.

B. **As palavras em itálico são:**

1. verbos ☐
2. advérbios ☐
3. locuções adverbiais ☐

Advérbios		Locuções Adverbiais
• agora	• geralmente	• à noite
• hoje	• normalmente	• à tarde
• cedo	• frequentemente	• de manhã
• tarde	• raramente	• de dia
• depois		• em breve
• nunca		• às vezes
• sempre		• por vezes
		• de longe a longe

C. **Lê os textos novamente e escolhe a opção correta.**

Exemplo:

O Michael joga futebol
- muitas vezes. ☒
- nunca. ☐

1. O Michael toma um grande pequeno-almoço
   - **a)** geralmente. ☐
   - **b)** sempre. ☐

2. A Simone discute com as irmãs
   - **a)** às vezes. ☐
   - **b)** raramente. ☐

3. A mãe da Simone janta em casa
a) cedo. ☐
b) raramente. ☐

4. No Senegal, as famílias almoçam em casa
a) nunca. ☐
b) frequentemente. ☐

5. A Ília está no *messenger*
a) à noite. ☐
b) de manhã. ☐

D. Com que frequência realizas as atividades do quadro? Assinala com um X no quadrado correspondente.

	todos os dias / as semanas / os meses...	dia sim dia não	muitas vezes	uma vez / ... vezes por semana	quase nunca	às vezes/ de vez em quando	uma vez por mês	raramente	nunca
estudar									
dançar									
ouvir música									
cantar									
ver televisão									
ir à praia									
navegar pela *internet*									
ler poesia									
viajar									
arrumar o quarto									
lavar a louça									
pentear-se									

**E. Agora conversa com o teu colega sobre o teu dia a dia.
Segue o exemplo.**

Exemplo:

A: O que fazes à sexta-feira?
B: À sexta-feira jogo sempre futebol no meu clube.

F. **Pergunta ao teu colega o que é que ele / ela faz:**

1. aos fins de semana?
2. depois de fazer desporto?
3. nas férias do verão?
4. antes de um teste?
5. no dia do aniversário?
6. quando chove?
7. quando está aborrecido?
8. quando está muito feliz?
9. quando recebe uma boa nota?
10. depois do pequeno-almoço?

Secção C – Conjugação pronominal
Colocação do pronome na frase

A. **Presta atenção às palavras a laranja.**

Visto-me e penteio-me rapidamente.
Eu levanto-me muito cedo.
Eles riem-se e divertem-se muito.
Eles cumprimentam-se.

Regra geral

As formas pronominais *me, te, se, nos* colocam-se depois do verbo.
Mas colocam-se antes do verbo quando este é antecedido de:

- certos advérbios (*não, talvez, mais, menos, pouco, quase, tanto, como, também, apenas, só, ainda, já, logo, nunca, sempre*);
- um pronome relativo;
- um pronome interrogativo;
- frases subordinadas.

Presente do Indicativo da Conjugação Pronominal

	levantar-se	**esquecer-se**	**divertir-se**
eu	levanto-me	esqueço-me	divirto-me
tu	levantas-te	esqueces-te	divertes-te
ele, ela, você, o senhor, a senhora	levanta-se	esquece-se	diverte-se
nós	levantamo-nos*	esquecemo-nos*	divertimo-nos*
eles, elas, vocês, os senhores, as senhoras	levantam-se	esquecem-se	divertem-se

* Repara que na primeira pessoa do plural, à forma verbal foi-lhe retirado o **s** final. **Não é correto** dizer "nós" *levantamos-nos* **mas sim** nós *levantamo-nos*.

Presta atenção à colocação do pronome na frase:

	Sento-	me	nesta cadeira.
	Lembras-	te	do João?
Também		**me**	sento aqui.
Como (é que)		**te**	chamas?
Enquanto		**se**	lava...
Não / Nunca		**nos**	deitamos tarde.
Todos		**se**	levantam cedo.

B. **Completa os espaços.**

1. (interessar-se) Tu ______________________ por cinema?
   Sim, ______________________ .
2. (dirigir-se) Nós ______________________ para a escola.
3. (vestir-se) Eu ______________________ todas as manhãs.
4. (ferir-se) Vocês ______________________ sempre que saltam o muro.
5. (enganar-se) Nós ______________________ muitas vezes nas contas de dividir.
6. (lavar-se) Ela ______________________ todos os dias depois da ginástica.
7. (calçar-se) Tu ______________________ sempre que vais à rua.
8. (levantar-se) Nós ______________________ cedo.
9. (deitar-se) Ela ______________________ às 23h.
10. (sentar-se) Nós ______________________ no chão.
11. (lembrar-se) Vocês ______________________ da Rita?
    Sim, ______________________ .
12. (corresponder-se) Eu ______________________ com um amigo inglês.

C. **Agora, coloca na negativa os verbos da atividade anterior.**

1. ______________________
2. ______________________
3. ______________________
4. ______________________
5. ______________________
6. ______________________
7. ______________________
8. ______________________
9. ______________________
10. ______________________
11. ______________________
12. ______________________

D. Completa as frases com o pronome adequado. Peenche apenas um espaço em cada frase.

1. Ele não ____ levanta ____ tarde.
2. Eu também ____ sento ____ aí.
3. O Franz nunca ____ lembra ____ do nome da loja.
4. Todos os alunos ____ levantam ____ cedo.
5. Eu ____ esqueço ____ sempre de fechar a porta.
6. O papagaio ____ coça ____ com a pata.
7. O João ____ vai ____ embora amanhã de manhã.
8. Nós ____ cansamo ____ rapidamente.
9. O irmão da Ana nunca ____ afasta ____ dos pais porque é bebé.
10. Todos os dias eu ____ despeço ____ dos meus pais.

E. Completa o seguinte parágrafo com os verbos do quadro no Presente do Indicativo.

beber	tomar (2 x)	tocar	ter (2 x)	fazer
lavar	jantar	comer	lanchar	
vestir-se	acordar	almoçar	ver	
ir (3 x)	pentear-se	sair	deitar-se	

O despertador ____________ sempre às 7h. O Pedro ____________ às 7h10 e ____________ para a casa de banho. Geralmente, ____________ um duche e ____________ os dentes. Depois, ____________ e ____________. Às 7h30, ____________ o pequeno-almoço na cozinha. Ele ____________ cereais com leite e ____________ um sumo. Às 8h00, ____________ de casa e ____________ para a escola a pé. O Pedro ____________ aulas de manhã e à tarde. Às vezes, ____________ na cantina. À tarde, por volta das 17h ele ____________. Depois do treino de basquetebol ele ____________ para casa e ____________ os trabalhos de casa. A seguir, ____________ e ____________ televisão. O Pedro ____________ por volta das 22h porque ____________ aulas cedo no dia seguinte.

F. Descreve o teu dia preferido.

O meu dia preferido é ____.

De manhã ____.

À tarde ____.

À noite ____.

Secção D - Formação da interrogativa

A expressão *é que*

Esta expressão tem como função evitar a inversão do sujeito na interrogativa. Utiliza-se na linguagem corrente.

Exemplos:

Quando **é que** (tu) vais ao cinema?
Onde **é que** (tu) vives?

Exemplos:

Quando vais (tu) ao cinema?
Onde vives (tu)?

Repara que nestes exemplos é obrigatória a inversão do sujeito. Geralmente, este é omitido.

Estrutura da Forma Interrogativa com a expressão é que:

Interrogativo + *é que* + sujeito + verbo?

A. **Com o teu colega, constrói diálogos a partir das informações do quadro. Segue o exemplo.**

Exemplo:

A: A que horas é que o Pedro se levanta?
B: (Ele) levanta-se às 7.00.

	levantar-se	**começar a trabalhar / as aulas**	**ir para o trabalho / escola**	**almoçar**	**acabar de trabalhar / as aulas**	**depois do jantar**	**deitar-se**
Pedro	7.00	8.30	a pé	na cantina	19.00	estar ao computador / ouvir música	23.00
mãe do Pedro	7.30	9.00	autocarro	restaurante	17.00	arrumar a cozinha / ver televisão	23.30
pai do Pedro	7.10	8.15	carro	refeitório	18.30	conversar com a família	24.00
irmã do Pedro	7.30	9.00	mota	cantina da Universidade	19.00	dar um passeio com o namorado	23.30
avô do Pedro	10.00	/	/	em casa	/	ir ao café / conversar com os amigos	22.20

B. **O Michael e o Pedro estão no *messenger*. Completa o seguinte diálogo.**

Pedro: ____ ?
Michael: Vivo numa quinta longe da cidade.
Pedro: ____ ?
Michael: Acordo muito cedo, às 6.00.
Pedro: ____ ?
Michael: Normalmente, tomo o pequeno-almoço em casa.
Pedro: ____ ?
Michael: De jipe com o meu pai.
Pedro: ____ ?
Michael: Ajudo o meu pai a guardar o gado.
Pedro: ____ ?
Michael: Futebol australiano.
Pedro: ____ ?
Michael: Com os meus colegas.
Pedro: Tenho de ir embora! Até amanhã!

C. **Agora faz as mesmas perguntas aos teus colegas.**

1. Onde ____ ?
2. A que horas ____ ?
3. Onde ____ ?
4. Como ____ ?
5. O que ____ ?
6. Que ____ ?
7. Com quem ____ ?

Atividade 4

Vocabulário

Secção B – Alimentos e refeições

Nesta unidade três jovens de nacionalidades diferentes falam sobre o seu dia a dia. Como vês, têm hábitos diferentes.
A alimentação também não é igual em todos os países.

A. **Observa a pirâmide alimentar. A que grupo pertencem estes alimentos? Coloca-os nos respetivos grupos da pirâmide alimentar.**

Grupos alimentares

1 ____________________

2 ____________________

3 ____________________

4 ____________________

5 ____________________

6 ____________________

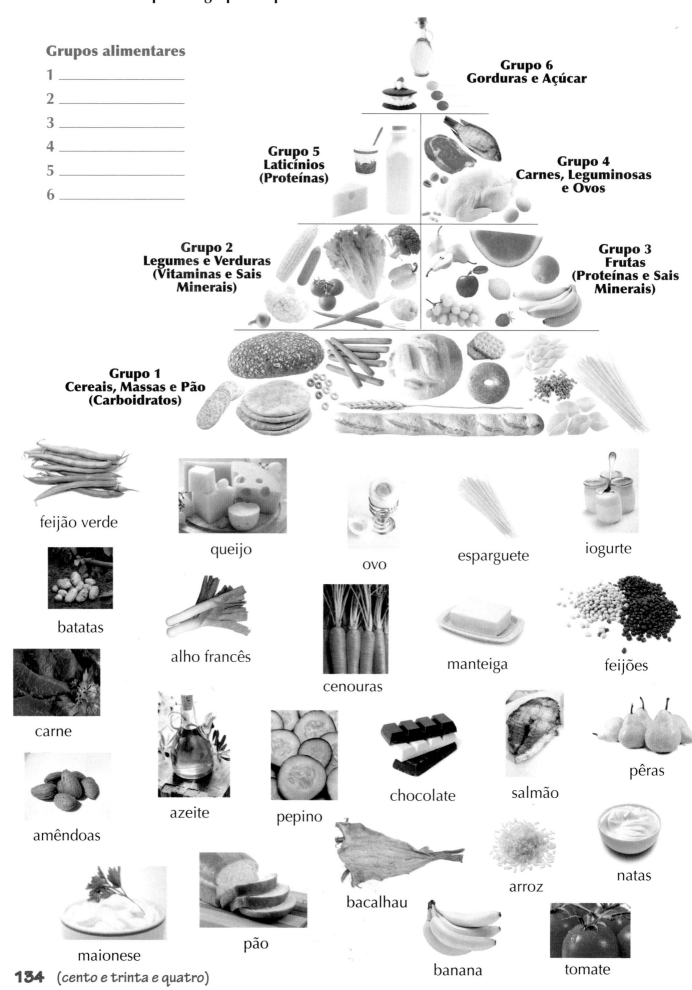

Grupo 6
Gorduras e Açúcar

Grupo 5
Laticínios
(Proteínas)

Grupo 4
Carnes, Leguminosas e Ovos

Grupo 2
Legumes e Verduras
(Vitaminas e Sais Minerais)

Grupo 3
Frutas
(Proteínas e Sais Minerais)

Grupo 1
Cereais, Massas e Pão
(Carboidratos)

feijão verde

queijo

ovo

esparguete

iogurte

batatas

alho francês

cenouras

manteiga

feijões

carne

azeite

pepino

chocolate

salmão

pêras

amêndoas

bacalhau

arroz

natas

maionese

pão

banana

tomate

Refeições

Refeições			
Pequeno-almoço	Almoço	Lanche	Jantar

B. **Agora, indica alimentos saudáveis para cada uma das refeições.**

Ementa saudável			
Pequeno-almoço	Almoço	Lanche	Jantar

C. **Lê os seguintes textos.**

Estamos *com a barriga a dar horas*!

Vocês têm *a barriga a dar horas*? Estão com fome? Ah!!! Querem comer? Já sei! Querem o vosso prato favorito... Qual é? Bife com batatas fritas? Sushi? Pudim de chocolate? Sabem o que faz as delícias de um miúdo no Japão? Ou de uma miúda na Índia? Ou na Rússia? Querem saber o que preferem alguns jovens noutras partes do mundo?

Como estamos curiosos, vamos ouvir três raparigas de diferentes países ...

Japão

Espetadas *Yakitori*

Para as espetadas, precisas de:
- 225 g de peitos de frango
- cebolas novas grandes
- espetos de madeira

Para o molho *yakitori*, precisas de:
- 4 colheres de sopa de molho de soja
- 4 colheres de sopa de açúcar
- 2 colheres de sopa de água

"Chamo--me Miyu. Gosto de ler *mangas*, que é o nome que damos aos livros de banda desenhada. A minha irmã sabe fazer *grous* de papel; a esta arte de dobragem do papel chamamos *origami*. Ambas gostamos de comer *yakitori*."

Hungria

"O meu nome é Agni. Tenho 15 anos e gosto muito de cozinhar, sobretudo legumes frescos, como pimentos. Também gosto de ouvir música folclórica e estou a aprender a tocar um instrumento: o *cymbalum*. Adoro!"

Guisado Húngaro

Para esta receita, precisas de:
- 5 batatas
- 1 cebola
- 1 pimento vermelho
- 1 pimento verde
- 15 g de aipo
- 2 colheres de sopa de azeite
- 440 g de tomate em lata
- 500 ml de caldo de legumes
- 2 colheres de chá de colorau em pó
- sal
- pimenta moída no momento
- 4 fatias de pão de centeio
- 1 colher de sopa de óleo de alho

Portugal

Pastéis ou bolinhos de bacalhau

Para esta receita, precisas de:
- 200 g batatas farinhentas para cozer
- sal
- 250 g de bacalhau
- ½ cebola
- 30 g salsa
- pimenta e noz-moscada moídas no momento
- 3 ovos
- azeite

"Olá! Sou a Fátima. Eu e a minha família divertimo-nos sempre muito quando nos juntamos para fazer bolinhos de bacalhau! São uma delícia! À mesa, quando os comemos, fartamo-nos de falar e rimo-nos muito."

Textos adaptados,
Receitas do Mundo, Unicef

D. **Lê novamente os textos.**

Quem é que...

1. gosta de espetadas? ____________________
2. lê banda desenhada? ____________________
3. faz *origami*? ____________________
4. tem quinze anos? ____________________
5. come pimentos? ____________________
6. ouve música folclórica? ____________________
7. adora bolinhos de bacalhau? ____________________
8. se ri muito com os amigos? ____________________

E. **Agora é a tua vez de falares sobre os teus pratos preferidos. Indica os alimentos que utilizas na sua preparação. Escreve um texto semelhante aos textos anteriores.**

Atividade 5

Escrever

A. **Escreve um pequeno texto sobre o teu dia a dia. Refere também aspetos que caracterizam o teu país. Podes falar dos hábitos, das pessoas e da gastronomia.**

Trabalho de grupo

Com os teus colegas, faz uma pesquisa sobre os pratos tradicionais portugueses e de outros países. Organiza um ficheiro dedicado à gastronomia.

Já sou capaz de:

	🙂	😐	🙁
falar de ações habituais no presente	☐	☐	☐
identificar alimentos	☐	☐	☐
falar sobre hábitos alimentares	☐	☐	☐

UNIDADE 8

O meu bairro ideal

Vamos aprender a:

- Pedir e indicar informações sobre percursos
- Falar sobre o nosso bairro
- Falar sobre a nossa cidade

Vamos aprender:

- Serviços e comércio
- Percursos e transportes
- Nomes de ruas, avenidas
- Nomes de monumentos

Vamos aprender:

- *Ir a / ir para*
- Contração da preposição *a*
- Verbos de movimento no Presente do Indicativo
- Verbos + preposições e locuções prepositivas
- Contração das preposições *em, de, por*
- Diferença entre *para* e *por*

Tarefas

Atividade 1

Vocabulário

Secção A
- Serviços e comércio

Secção B
- Percursos e transportes

Atividade 2

Ouvir / Ler / Escrever

- *O elétrico nº 28*
- Exercício de correspondência
- Responder a questões

Atividade 3

Estudo da Língua

Secção A
- *Ir a / ir para*
- Contração da preposição *a*

Secção B
- Verbos de movimento
- Verbos + preposições e locuções prepositivas
- As preposições: *a, em, de, por* e sua contração
- Diferença entre *para* e *por*

Atividade 4

Ouvir / Falar / Escrever

- Pedir e indicar informações sobre percursos
- Descrever um percurso

Atividade 5

Escrever

- Descrever o bairro ideal

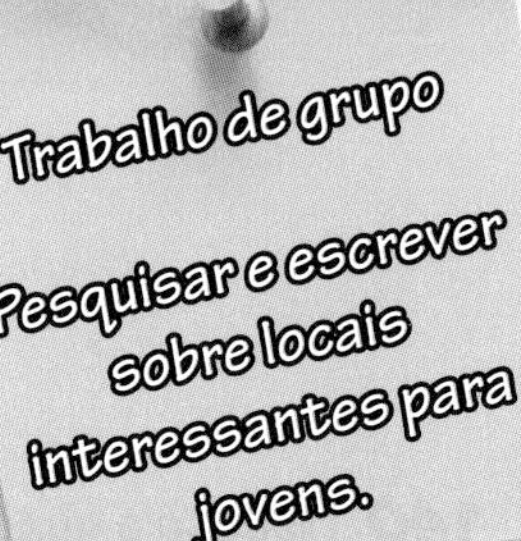

Trabalho de grupo

Pesquisar e escrever sobre locais interessantes para jovens.

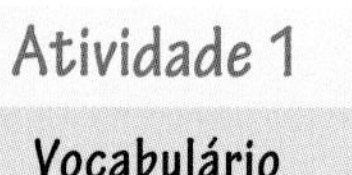

Atividade 1

Vocabulário

Secção A – Serviços e Comércio

A. **Observa a imagem. Identifica e escreve no quadro correspondente os nomes que se referem a serviços e comércio.**

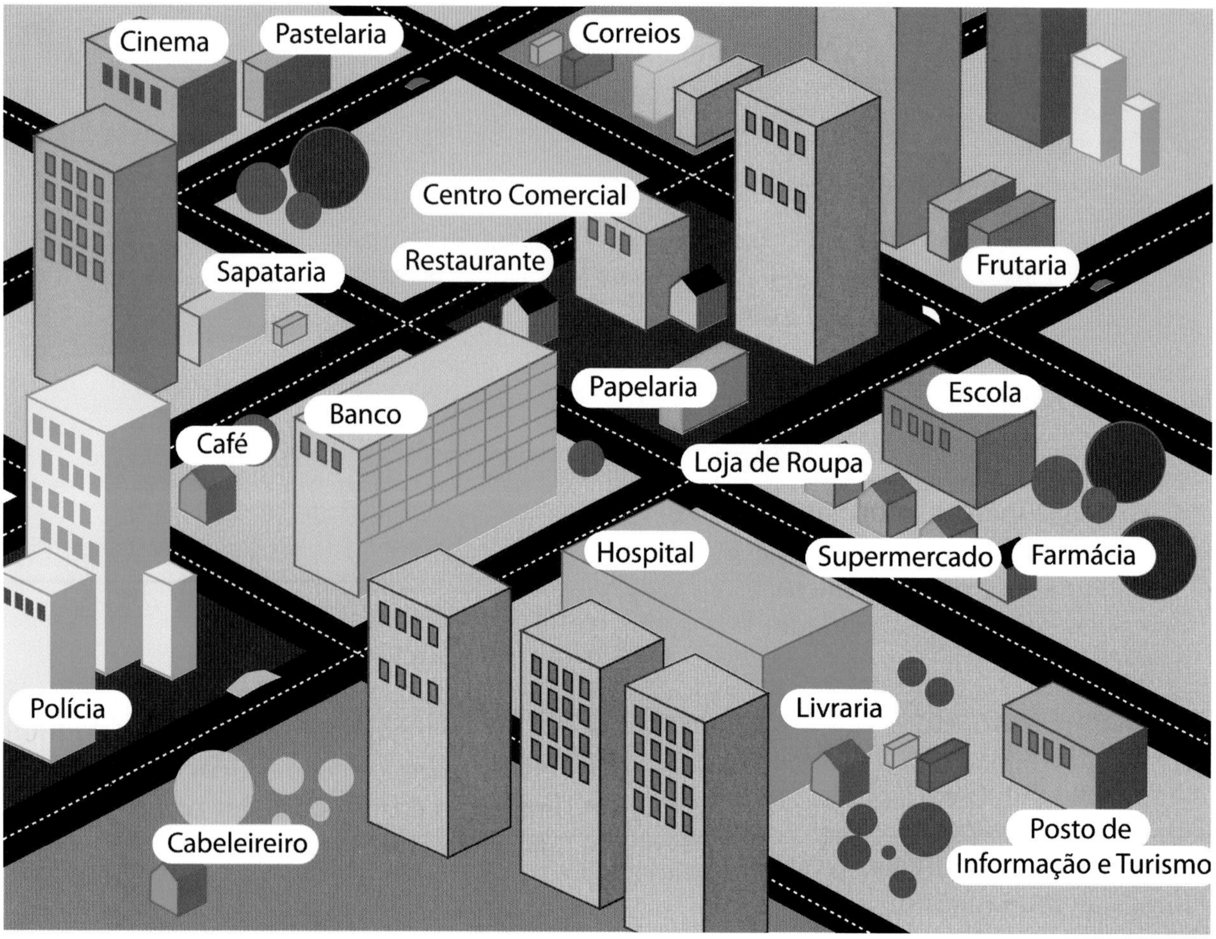

Cinema
Pastelaria
Correios
Centro Comercial
Sapataria
Restaurante
Frutaria
Papelaria
Escola
Banco
Café
Loja de Roupa
Hospital
Supermercado
Farmácia
Polícia
Livraria
Cabeleireiro
Posto de Informação e Turismo

Serviços	Comércio

Secção B - Percursos e Transportes

A. **Observa as imagens e escreve o número correspondente.**

1 2 3 4 5 6 7 8 9 10 11 12 13 14 15 16 17 18

vira à direita
vira à esquerda
segue sempre em frente
contorna

de autocarro
de metro
de comboio
de elétrico
de barco

de carro
de avião
de bicicleta
de mota
a pé

uma rua
uma praça
uma avenida
uma estrada

Atividade 2

Ouvir / Ler / Escrever

A. Ouve e lê.

O ELÉTRICO Nº 28

A Yuan, o Franz e a Ília querem conhecer melhor Lisboa e alguns lugares típicos. Eles vão ao Posto de Turismo do Bairro da Graça e pedem alguns folhetos e mapas da cidade de Lisboa. Os seus amigos portugueses, o Pedro, a Ana e o João, sugerem o elétrico 28, que é um meio de transporte original para passear por Lisboa e conhecer a sua história. O Pedro lê em voz alta o folheto turístico sobre o percurso deste transporte público e vão para a paragem do elétrico a pé. Depois do passeio, jantam em casa da Yuan porque ela cozinha muito bem.

O elétrico nº 28 parte do Largo da Graça e segue pela Rua Voz do Operário. No seu percurso passa por edifícios do final do século XIX, por antigos palácios e pela Igreja de São Vicente de Fora que tem azulejos inspirados nas fábulas de La Fontaine. Mais adiante, fica o Panteão Nacional. Segue sempre em frente pela Calçada de São Vicente e encontra a famosa Feira da Ladra com o seu artesanato, velharias e um mercado de vendedores de roupa. Em seguida, passa por um emaranhado de ruas estreitas, rente às portas e janelas do casario. O condutor faz tilintar a campainha e avisa algum motorista distraído. À saída deste labirinto aparece ao fundo o rio Tejo. Continua a descer a calçada e chega ao Largo da Sé Catedral de Lisboa. Logo a seguir, avista-se a igreja de Santo António, um santo muito popular em Lisboa.

O 28 atravessa a Baixa e vê-se da janela, à direita, o Arco da Rua Augusta que dá para a Praça do Comércio que fica em frente do rio Tejo. Sobe agora em direção ao bairro elegante do Chiado e à direita passa pelo célebre Teatro Nacional de S. Carlos. Vira à esquerda, contorna o Largo de Camões e desce em direcção a São Bento onde se situa a Assembleia da República, antigo convento do século XVI. Vira de novo à direita e sobe a Calçada da Estrela onde à esquerda fica a Basílica da Estrela e à direita o Jardim da Estrela. No cimo da calçada vira à esquerda, em direção ao Cemitério dos Prazeres, onde acaba este bonito percurso.

Informações úteis:

Descontos para estudantes
Para mais informações consulta o sítio *www.carris.pt*

B. **Junta A e B e forma frases verdadeiras de acordo com o texto.**

A	B
1. O elétrico nº 28	**a)** fica o Teatro Nacional de S. Carlos.
2. A Igreja de S. Vicente de Fora	**b)** é muito conhecida.
3. A Feira da Ladra	**c)** tem azulejos.
4. O Arco da Rua Augusta	**d)** fica em frente do rio Tejo.
5. No Chiado	**e)** fica em S. Bento.
6. A Assembleia da República	**f)** é um meio de transporte original.
7. À esquerda da Calçada da Estrela	**g)** fica a Basílica da Estrela.

C. **Responde às questões.**

1. O que quer fazer o grupo de amigos?

____

2. O que é que eles pedem no Posto de Turismo?

____

3. Como é que eles vão visitar Lisboa?

____

4. Onde é que jantam?

____

5. De onde parte o elétrico nº 28?

____

6. O Bairro da Graça é um bairro moderno? Justifica.

____

7. Como são as ruas deste bairro?

____

8. Por onde sobe o elétrico?

____

9. Depois do Teatro Nacional de S. Carlos por onde passa o elétrico?

____

Atividade 3

Estudo da Língua

Secção A – *Ir a / Ir para*
Contração da preposição a

A. **Lê as frases e observa as palavras destacadas.**

Eu vou ***a*** Paris.
Eles vão ***ao*** Posto de Turismo.
Nós não vamos ***à*** biblioteca.
Vais ***aos*** Correios?
Eles vão ***para*** a paragem do elétrico.

B. Completa as frases com as palavras do quadro.

artigo definido contraída a para

1. O verbo *ir* pode ser seguido das preposições ________ ou ________ .

2. A preposição ***a*** pode ser ____________________ com o ____________________ .

Verbo *Ir* no Presente do Indicativo	ao / à / aos / às	nome
eu vou	ao (a + o)	supermercado
tu vais	à (a + a)	bilheteira
ele, ela, você, o senhor, a senhora vai	ao (a + o)	jardim
nós vamos	aos (a + os)	Correios
eles, elas, vocês, os senhores, as senhoras vão	às (a + as)	Ilhas dos Açores

C. Completa os seguintes diálogos com as preposições *a* e *para* e sua contração.

1.

Yuan: Vamos ________ Feira da Ladra. Vamos ________ café do Largo de São Vicente. Apetece-me um gelado.

Ana: Enquanto os rapazes vão ________ Posto de Turismo e trazem folhetos com sugestões de restaurantes, vamos ver a tenda das pulseiras e dos colares.

Yuan: Ótima ideia! E depois o que fazemos?

Ana: Eu ainda volto ________ casa da minha avó porque ela vai ________ a aldeia amanhã.

2.

Pedro: Bom dia. Nós queremos ir ________ Rua da Graça, ________ Posto de Turismo. Pode indicar-nos o caminho, por favor?

Senhor: Descem esta rua, viram na segunda à direita, contornam o largo e o Posto de Turismo fica perto da Igreja de São Vicente de Fora.

No Posto de Turismo

Pedro: Boa tarde! Pode dar-me uma informação?
Onde podemos adquirir os guias ***ConVida?***

Senhora: Nós não temos, mas pode ir ________ Correios. Lá, encontra os guias que são grátis. Estes guias são muito úteis porque dão informações sobre os bairros de Lisboa.

Pedro: Os Correios ficam longe?

Senhora: Não. Voltam ________ trás. Os Correios ficam a cem metros daqui.

Secção B – Verbos de movimento

A. **Observa as palavras a laranja que aparecem no texto "O elétrico nº 28". Escolhe a opção correta.**

1. Estas palavras indicam
- **a)** ações relacionadas com deslocação / orientação. ☐
- **b)** ações relacionadas com hábitos diários. ☐

2. Estas palavras são
- **a)** nomes. ☐
- **b)** verbos de movimento. ☐

3. Estas palavras estão no
- **a)** Infinitivo. ☐
- **b)** Presente do Indicativo. ☐

Verbos de movimento + Preposições e Locuções prepositivas

ir	em frente pelo lado direito pelo lado esquerdo	da / rua, avenida, praça, estrada
	por	este / prédio, largo, passeio esta / rua, avenida, estrada, praça
	pela pelo	rua, avenida, estrada, praça largo, passeio
	até ao(s)	fim da rua, praça, avenida, estrada fim do largo, passeio semáforos
voltar	à direita à esquerda para trás	
virar **cortar**	à esquerda, à direita na 2ª à esquerda na rua, na avenida, no largo	

As Preposições *a, em, de, por* contraem-se com o artigo definido

	o	**a**	**os**	**as**
a	ao	à	aos	às
em	no	na	nos	nas
de	do	da	dos	das
por	pelo	pela	pelos	pelas

para **Indica direção / destino.**	Exemplo: Eles vão para a paragem do elétrico a pé.

por **Indica percursos**	Exemplo: O elétrico passa por antigos palácios e pela Igreja de S. Vicente de Fora.

B. **Cada uma destas frases tem um erro. Corrige-o.**

1. Ele vai à cinema.

___

2. A Yuan desce pelo elétrico.

___

3. O Pedro vira ao esquerda.

___

4. O elétrico passa pelos ruas estreitas.

___

5. O senhor segue na frente.

___

6. Ela vira na esquerda.

___

7. No rua há uma feira.

___

8. Eles vão pela paragem do autocarro.

___

Atividade 4

Ouvir / Falar / Escrever

Pedir informações sobre percursos	Indicar o percurso
• Onde fica… ? • Pode dizer-me onde fica… ? • É capaz de me dizer onde fica... ? • Como é que eu vou para… ? • Desculpe, onde fica… ? • Por favor, há... aqui perto?	• Vai / vais sempre em frente • Vira / viras à direita / na primeira rua à direita • Segue / segues em frente • Segue / segues pela Rua / Avenida... • Atravessa / atravessas a rua...

A. **Ouve e lê as frases. Assinala as que indicam direções.**

1. Desculpe, como é que eu vou para… ? ☐

2. Não moro aqui. ☐

3. Vira à direita e vai sempre em frente. ☐

4. É longe daqui? ☐

5. Atravessa a praça e vira na segunda à esquerda. ☐
6. Vais sempre em frente. ☐
7. Sabe onde é que fica... ? ☐
8. Sobe a rua e... ☐
9. Podia indicar-me o caminho para... ? ☐
10. Desce a avenida. ☐

B. Ouve e completa os seguintes diálogos:

1. **Pedro:** Desculpe, pode indicar-me onde fica a paragem do elétrico 28?
Senhor: Olhe, ____________ sempre em frente e ____________ na segunda à esquerda. Depois do banco ____________ a rua e a paragem ____________ do seu lado direito ao pé dos semáforos.
Pedro: Muito obrigado.

2. **Yuan:** Olha, Pedro! Pergunta àquele rapaz onde fica a Feira da Ladra.
Pedro: Olá! Podes indicar-me onde é que fica a Feira da Ladra?
Rapaz: Claro! A Feira da Ladra fica perto da Igreja de São Vicente. ____________ por esta rua, ____________ à esquerda, ____________ o largo e a feira é logo atrás da igreja. Podem atravessar já aqui na passadeira.
Pedro: Obrigado.

3. **Turista:** Bom dia! Podem dar-me uma informação?
Pedro: Com certeza!
Turista: Sabe onde fica a Sé de Lisboa?
Pedro: É um pouco longe daqui, mas o senhor ____________ pelo lado direito da rua, ____________ sempre em frente e ____________ a praça e logo a seguir ____________ na 1ª à esquerda. A Sé de Lisboa fica mesmo aí.
Turista: Obrigado pela informação.

C. Constrói 3 diálogos com o teu colega de acordo com as imagens. Utiliza as expressões do quadro da atividade 4.

1

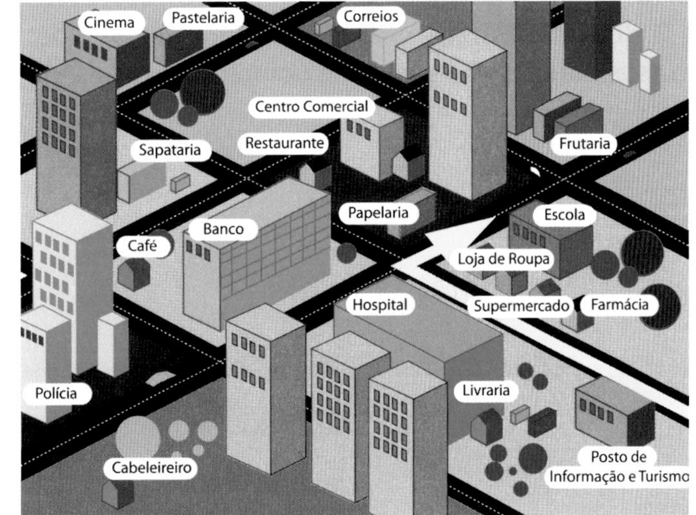

2

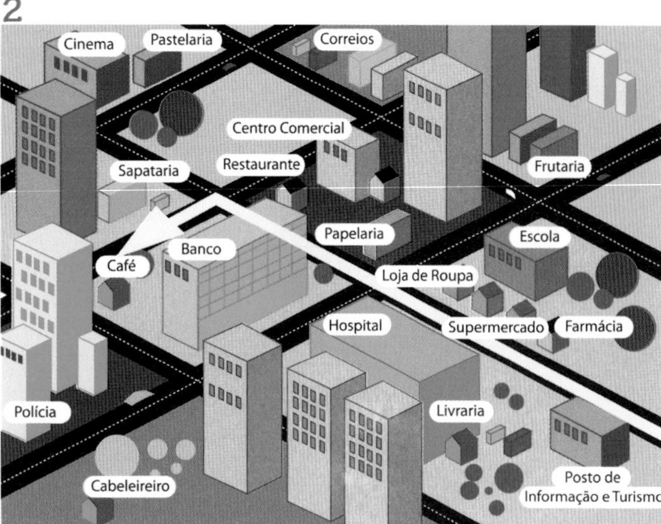

3

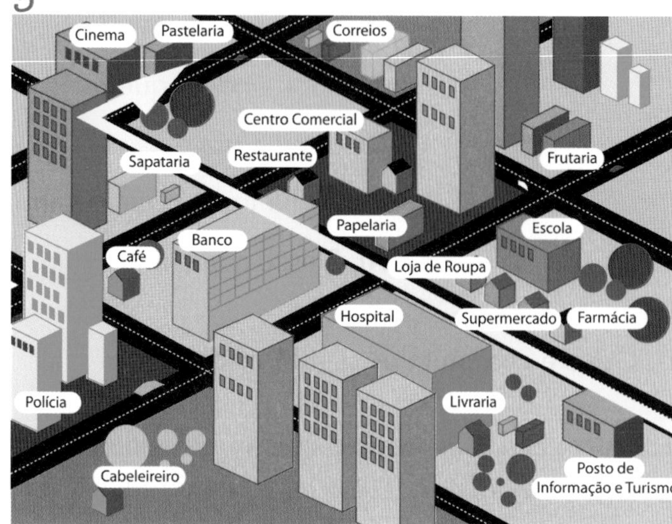

D. **Pergunta ao teu colega como é que ele vem de casa para a escola. A seguir é a tua vez de descreveres o teu percurso.**

Atividade 5

Escrever

A. **Descreve o teu bairro ideal. Ilustra-o com imagens. Não te esqueças de indicar:**
- **o nome do bairro;**
- **onde fica;**
- **como é;**
- **o que há no bairro (comércio / serviços / locais de interesse).**

Em seguida, apresenta-o à turma. No final, a turma deve selecionar o melhor trabalho.

Trabalho de grupo

Com os teus colegas, pesquisa na *Internet* o nome de uma cidade e escolhe um bairro conhecido.
Preparem uma lista de locais interessantes para jovens. Escrevam um pequeno texto. Podem colocar os vossos trabalhos no blogue. Certamente que os vossos colegas vão gostar de conhecer o resultado da vossa pesquisa!

Já sou capaz de:

	🙂	😐	🙁
pedir e indicar informações sobre percursos	☐	☐	☐
falar sobre o nosso bairro	☐	☐	☐
falar sobre a nossa cidade	☐	☐	☐

UNIDADE 9

O que vamos fazer?

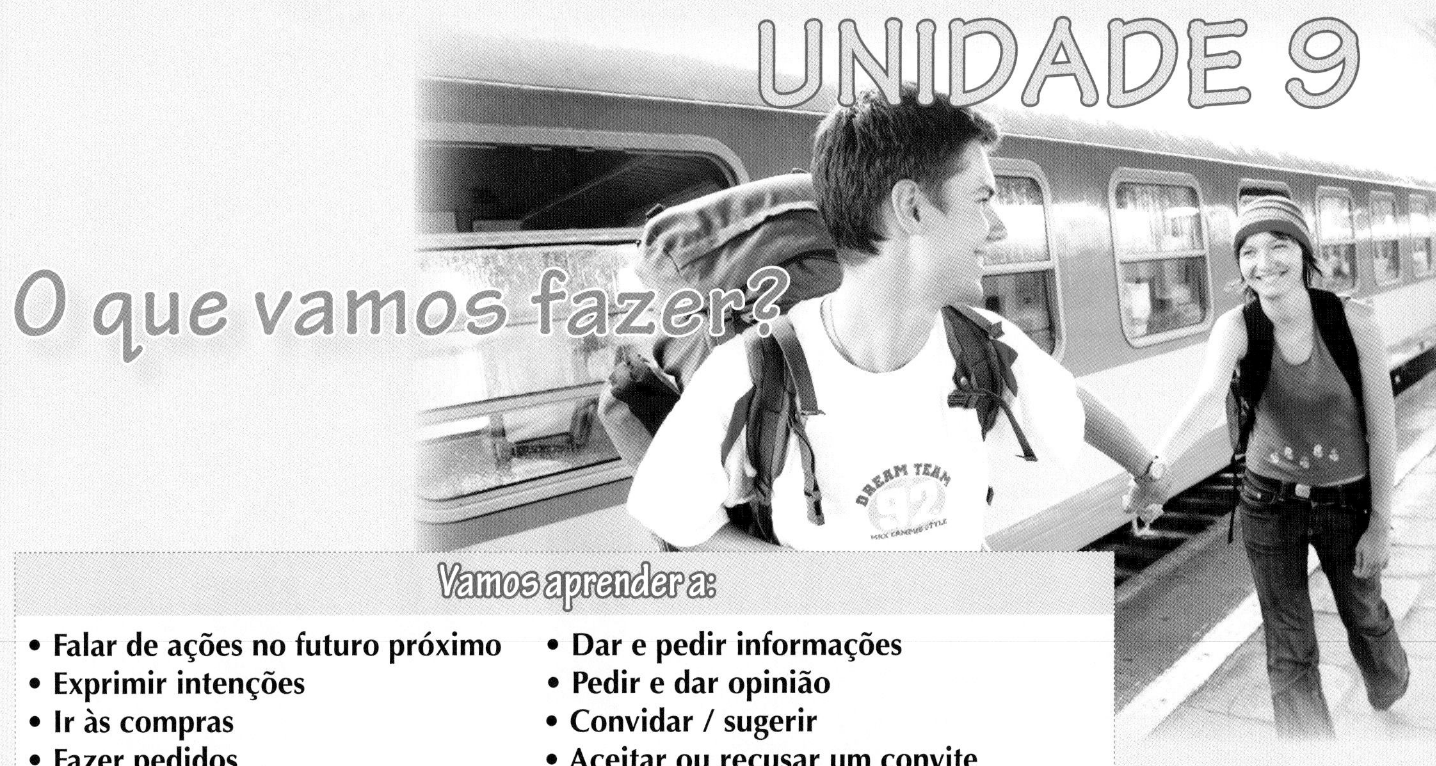

Vamos aprender a:

- Falar de ações no futuro próximo
- Exprimir intenções
- Ir às compras
- Fazer pedidos
- Dar e pedir informações
- Pedir e dar opinião
- Convidar / sugerir
- Aceitar ou recusar um convite

Vamos aprender:

Léxico sobre:

- Compras
- Lojas
- Serviços
- Restaurantes
- Comidas e bebidas
- Fórmulas opinativas
- Fórmulas de cortesia

Vamos aprender a:

- Futuro próximo (*Ir* + Infinitivo)
- Presente do Indicativo com valor de futuro
- *Pensar* + Infinitivo
- Expressões de tempo
- Verbos opinativos
- Demonstrativos
- Demonstrativos associados aos advérbios de lugar (*aqui, aí, ali*)

Tarefas

Atividade 1

Ouvir / Ler / Escrever

- Ler / ouvir diálogos
- Assinalar a opção correta
- Referentes
- Completar frases
- Responder a perguntas

Atividade 2

Estudo da Língua

<u>Secção A</u>

- Presente do Indicativo do Verbo *Ir* + Infinitivo
- Presente do Indicativo com valor de futuro
- *Pensar* + Infinitivo
- Expressões de Tempo

Atividade 3

Falar / Escrever

- Descrever ações no futuro próximo

Atividade 4

Escrever

- Fazer planos futuros

Atividade 5

Vocabulário

<u>Secção A</u> - Compras / lojas / serviços

<u>Secção B</u> - Comidas e bebidas

<u>Secção C</u> - Fórmulas de cortesia
- Dar e pedir informações
- Pedir e dar opinião
- Convidar / sugerir
- Aceitar ou recusar um convite

Atividade 6

Estudo da Língua

<u>Secção B</u> - Demonstrativos
- Demonstrativos associados aos advérbios de lugar (*aqui, aí, ali*)

Atividade 7

Escrever

- Escrever uma carta
- Fazer planos para o fim de semana seguinte

Trabalho de grupo

Planear uma visita de final de ano letivo.

Atividade 1

Ouvir / Ler / Escrever

O que vamos fazer?

A. **Ouve e lê os seguintes diálogos.**

Texto A

Ana: O que vamos fazer hoje?
Ília: Vamos às compras. Eu quero comprar roupa.
Ana: Está bem. E depois queres ir ao cinema? Vamos ver o último filme do Harry Potter.
Ília: Acho uma ótima ideia!

Na loja – na secção de roupa jovem...

Empregada: Bom dia. Posso ajudar?
Ília: Bom dia. Queria ver aquelas *T-shirts*, se faz favor. Posso ver a azul turquesa e a verde?
Empregada: São muito bonitas. Qual é o seu tamanho? Pequeno, médio ou grande?
Ília: Vou experimentar o médio. O grande é largo e o pequeno fica apertado. Não achas que é bonita, Ana? Gostas mais da azul turquesa ou da verde?
Ana: Das duas. Mas prefiro a verde. Fica-te bem.
Ília: Então, levo a verde. Também preciso de um vestido para a festa da Joana e de um par de calças e, já agora, de um casaco.
Ana: Aquele vestido ali parece-me bonito. É curto e aos quadrados. Os quadrados estão na moda.

Texto A (continuação)

Ília: Pois estão! Vou levar. Olha, este casaco é tão original! Adoro estas flores. Agora quero ver umas calças de ganga. A ganga dá com tudo.
Empregada: Quer ver como lhe fica? Os gabinetes de prova são ali ao fundo.

Mais tarde...

Empregada: Então, menina? É esse o seu tamanho?
Ília: Sim, estão mesmo bem. São o máximo!
Empregada: Quer levar este cinto ou esta carteira de cabedal? Um acessório bonito valoriza muito. Estes condizem com o vestido.
Ília: Está bem, levo a carteira. Dá-me jeito. Pode dizer-me quanto custa tudo?
Empregada: No total, são 80 euros.
Ília: Não é caro. Não achas, Ana?
Ana: Claro! Até acho que é barato, tantas coisas!
Empregada: Pode pagar ali na caixa.
Ília: Obrigada e bom dia!
Empregada: Bom dia, meninas!

Texto B

João: Vamos ver a exposição de arte moderna que está no Centro Cultural de Belém? Temos de fazer aquele trabalho de grupo para Educação Visual.
Yuan: Está bem. Vamos hoje à tarde. Escolhemos um quadro de um pintor português e depois damos a nossa opinião sobre ele. Penso que vamos ter uma boa nota.

Mais tarde...

João: Boa tarde. Pode indicar-me onde fica a bilheteira?
Polícia: Ao fundo deste corredor e depois vira à esquerda.
João: Obrigado, Sr. Guarda. Vamos comprar os bilhetes, Yuan.

João: Boa tarde. Queria 2 bilhetes para a exposição de arte moderna. Quanto é?
Empregado: São 12 euros, mas com o Cartão Jovem têm um desconto.
João: Eu tenho o meu. E tu, Yuan? Pronto, aqui estão os nossos cartões.
Empregado: Então, são 10 euros. Aqui está o seu troco.
Yuan: Que sorte! Vamos comer um gelado com o dinheiro que sobra?

Depois...

João: Qual é a tua opinião sobre o José Guimarães? Eu acho que os quadros têm cores fortes e alegres e o traço é vivo.
Yuan: Concordo. Gosto imenso da pintura dele. Sabes que no Japão ele é muito apreciado e que tem esculturas em várias cidades japonesas? Faz-me lembrar outro pintor, o espanhol Miró!

Texto C

Franz: Os meus pais estão cá em Portugal e querem conhecer Lisboa. Queres ir jantar fora? Vamos jantar os quatro, eu, tu e os meus pais.
Pedro: Com certeza! Alinho!
Franz: A minha mãe chama-se Ivana e o meu pai Oleg. Eles falam um pouco de português. Querem ir a um restaurante que é muito conhecido e que fica na Baixa, na Praça do Comércio. Penso que o nome do restaurante é Martinho da Arcada.
Pedro: É o restaurante mais antigo de Lisboa É muito conhecido porque está relacionado com nomes famosos da literatura portuguesa, como o poeta Fernando Pessoa. E come-se lá muito bem!

À noite...

Oleg: Boa noite. Queria uma mesa para quatro pessoas, se faz favor!
Empregado: Com certeza. Aqui têm a ementa. Temos pratos de peixe e de carne.
Ivana: Vamos experimentar um prato de carne e um de peixe.
Empregado: Posso sugerir o tamboril à Arcada e o Bife à Quinto Império. Uma dose para dois chega.
Oleg: Então para nós os dois o tamboril e para eles uma dose de bifes.
Empregado: E como é que querem os bifes? Bem ou mal passados?
Pedro: Bem passados, se faz favor. Como acompanhamento pode ser uma salada mista e batatas fritas.
Empregado: E para beber?
Oleg: Nós vamos beber um vinho tinto e para os rapazes é um sumo e uma garrafa de água.
Empregado: Muito bem. Desejam uma entrada enquanto esperam pelos pratos?

Mais tarde...

Empregado: Vão querer sobremesa?
Ivana: Sim, queremos dois pudins, um leite-creme da casa e uma fatia de melão. Depois pode trazer duas bicas. No fim, traga a conta, por favor.
...
Empregado: Aqui está!
Oleg: Muito bem. Pode ficar com o troco. Um jantar excelente!

B. **Faz a correspondência entre os títulos e os diálogos.**

Vamos jantar fora! | Vamos fazer compras! | Vamos ver uma exposição!

Texto A ______________________
Texto B ______________________
Texto C ______________________

C. **Retira, de cada um dos textos, 3 frases que justifiquem a tua escolha.**

Texto A

1. Assinala as peças de vestuário que a Ília acaba de comprar. Escreve os respetivos nomes.

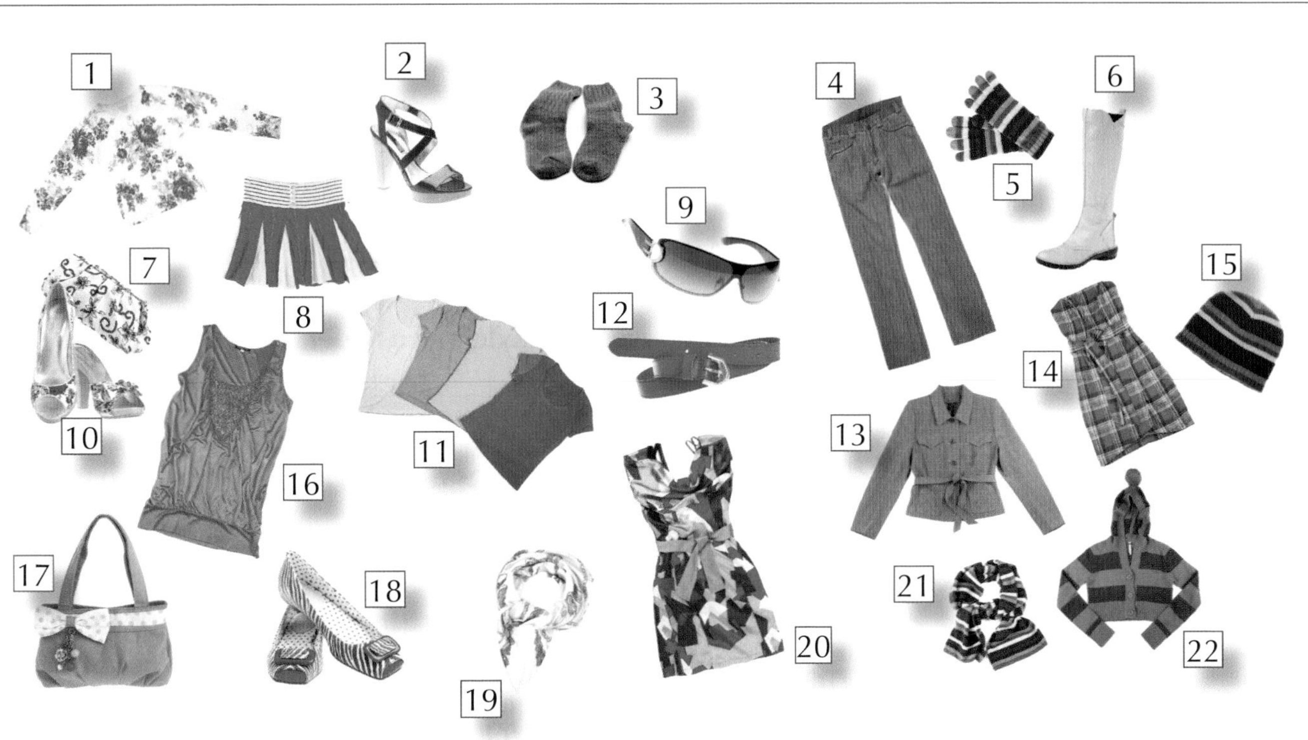

2. Agora escolhe a roupa e os acessórios que a Ana vai levar à festa da escola.

3. Procura no dicionário o nome das restantes peças de vestuário.

Texto B

1. Associa os elementos da coluna da esquerda com os elementos da coluna da direita.

1. dois bilhetes	**a)** bilheteira
2. boa nota	**b)** quadros de José Guimarães
3. ao fundo do corredor e à esquerda	**c)** exposição de arte moderna
4. um desconto	**d)** Miró
5. cores vivas	**e)** Cartão Jovem
6. pintor espanhol	**f)** trabalho de Educação Visual

2. Observa o quadro do pintor português José Guimarães e escolhe 5 adjetivos que exprimem a tua opinião.

Texto C

1. Completa as seguintes frases de acordo com o texto.

a) Os pais do Franz são checos. Neste momento ______________ .
b) O Martinho da Arcada é ______________ .
c) Fernando Pessoa é ______________
d) Na ementa, há pratos de ______________ e de ______________ .
e) O Pedro e o Franz vão comer ______________ com ______________ e ______________ .
f) Depois dos pratos principais eles vão pedir ______________ .
g) Na opinião do pai do Franz, o Martinho da Arcada ______________ .

2. Fernando Pessoa é um poeta muito famoso. Escreve nomes de outros poetas que conheças.

____

Atividade 2
Estudo da Língua

Secção A – Falar de ações no futuro próximo / Exprimir Intenções

Presente do Indicativo do Verbo *Ir* + Infinitivo
Presente do Indicativo (com valor de Futuro)
Pensar + Infinitivo
Expressões de tempo

A. **Lê e observa as palavras destacadas:**

O que ***vamos fazer*** hoje?
Vamos ver a exposição à tarde.
Vou experimentar as *T-shirts*.
Amanhã ***volto*** novamente a este restaurante.
Penso comprar um par de sapatos para a festa.

B. **Assinala a opção correta.**

1. Estas frases referem
a) ações presentes. ☐
b) ações passadas. ☐
c) ações futuras. ☐

2. Estas ações indicam
a) previsões. ☐
b) planos e intenções. ☐
c) desconhecimento. ☐

- **Usamos o Presente do Indicativo quando falamos de ações futuras já anteriormente decididas.**
- **Usamos verbo *ir* + Infinitivo para exprimir ações de realização imediata.**

- **Usamos a expressão *pensar* + Infinitivo para exprimir uma intenção.**

Expressões de Tempo
Amanhã Depois de amanhã Na próxima semana/2ª feira... No próximo fim-de-semana/mês/ano... Dentro de 2 dias/3 semanas/4 meses... Brevemente Daqui a uma semana/um mês/um ano Para a semana que vem...

C. Agora é a tua vez de dizer o que vais fazer. Usa as diferentes formas de expressão de futuro.

1. Depois de amanhã ______
2. No próximo ano ______
3. Daqui a uma semana ______
4. Dentro de um mês ______
5. Brevemente ______
6. Para a semana que vem ______

Atividade 3

Falar / Escrever

A. O pai do Franz, o Sr.º Oleg, é um homem de negócios. Lê as notas da sua agenda sobre a viagem que ele vai fazer à Alemanha. Dialoga com o teu colega acerca dessas notas. Utiliza os verbos da caixa. Segue o exemplo.

Exemplo:

A: O que é que o pai do Franz vai fazer na 2ª feira de manhã?
B: Ele vai apanhar o avião às 7.00.
B: Ele às 10 horas

Cartão A

2ª feira 16 de novembro
- Viajar / 7.00
- Reunião com Herr Steiner / 10.00
- Restaurante Sommerberg com Frau Strauss / 13.30

5ª feira 19 de novembro
- Palestra / 11.00
- Contrato / 15.30
- Voo / 18.15

Cartão B

3ª feira 17 de novembro
- Livros técnicos / 10.00
- Recital de piano / 20.00

4ª feira 18 de novembro
- Pequeno-almoço com o Senhor Stern no hotel / 9.00
- Presente para a Ivana / 13.00
- Museu / 14.30

confirmar	apanhar	dar	almoçar	ter	ir
comprar	tomar	enviar	assistir	assinar	

Atividade 4

Escrever

A. Agora escreve um pequeno texto sobre os compromissos do Sr. Oleg. Usa os conectores para ligares as frases: primeiro, depois, a seguir/em seguida, por fim/finalmente.

O Sr. Oleg, o pai do Franz, vai viajar para a Alemanha às 7.00 de segunda-feira.

Primeiro, ______ .
Depois, ______
______ .

B. Quais são os planos para o próximo fim de semana? Compara-os com os dos teus colegas.

Atividade 5

Vocabulário

Secção A – Compras / Lojas / Serviços

A. **Indica em que lojas / serviços se podem comprar estes produtos?**

1. ______________________

2. ______________________

3. ______________________

4. ______________________

5. ______________________

6. ______________________

7. ______________________

8. ______________________

9. ______________________

10. ______________________

11. ______________________

12. ______________________

13. ______________________

14. ______________________

B. **Observa as imagens e preenche os espaços.**

1. um pacote de ____________________
2. uma caixa de ____________________
3. uma garrafa de ____________________
4. uma tablete de ____________________
5. um frasco de ____________________
6. um saco de ____________________
7. uma embalagem de ____________________

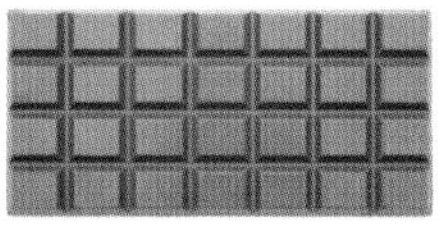

garrafa

tablete

embalagem

pacote

saco

frasco

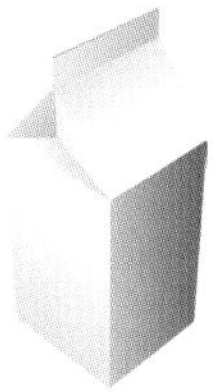

pacote

caixa

Secção B – Comidas e bebidas

Onde se pode comer?

A. **As pessoas comem em diferentes locais. Faz a correspondência entre os nomes e as imagens.**

1

2

3

4

5

6

a) café ☐
b) restaurante ☐
c) pastelaria ☐
d) cantina ☐
e) gelataria ☐
f) *pizzaria* ☐

B. **Lê as seguintes ementas e identifica o tipo de restaurante.**

LA FAMILIA

Antipasti:
Salmão laminado, com limão, rúcula, alcaparras e caviar

Saladas:
Salada tropical
Salada de mozzarella

Pizzas:
Pizza portuguesa (tomate, mozzarella, fiambre, cogumelos azeitonas e orégãos)
Pizza sublime (tomate, mozzarella, fiambre, salame, cogumelos, pimentos, cebola, ovo, camarão e orégãos
Pizza vegetariana (tomate, curgetes, beringela, pimentos, cebola e orégãos)

Pastas:
Raviolli à Bolonhesa
Lasanha de espinafres
Macarrão com atum e natas

Carne:
Bife de lombo com molho 4 queijos

Peixe:
Camarão tigre em vinho branco, azeite e alho

Doces:
Pannacotta (leite e natas com molho de framboesa)
Profiterolis cobertos com mousse de chocolate
Tiramisu
Tarte de Limão
Cheesecake
Mousse de limão

Gelados:
Framboesa
Baunilha
Morango

5 OCEANOS

Entradas:
Gambas fritas c/alho
Amêijoas à Bulhão Pato
Mexilhões panados

Sopas:
Sopa do dia
Creme de marisco

Saladas - Omoletes:
Salada quatro estações

Peixe e Marisco:
Polvo à lagareiro
Arroz de tamboril
Bacalhau na brasa
Arroz de marisco
Cataplana de peixe

Peixe de mar na grelha:
Garoupa (Kg.)
Robalo (Kg.)

Mariscos cozidos e Grelhados:
Lagosta (Kg)
Sapateira (Kg)
Camarão tigre (Kg)

Carnes:
Bife à portuguesa
Costeletas de borrego grelhadas

Fruta:
Fruta da época

Doces:
Leite-creme "queimado"
Trouchas de ovos
Pudim de ovos
Mousse de chocolate
Arroz doce

Queijos:
Queijo da Serra (dose)
Queijo de Azeitão (unid.)

RESTAURANTE DRAGÃO DOURADO

Entradas:
1. Crepe chinês
2. Amêndoas torradas

Sopas:
3. Sopa ninho de andorinha
4. Sopa barbatana de tubarão

Saladas - Omoletes:
5. Salada de gambas
6. Salada de rebentos de soja

Gambas:
7. Chop-soi de gambas

Peixe:
8. Peixe frito com limão
9. Peixe com molho de ostras

Arroz:
10. Chau-chau
11. Arroz branco

Carne de vaca
12. Chop-soi de vaca
13. Vaca c/ piri-piri e amendoins

Carne de porco:
14. Porco agri-doce
15. Porco c/ ananás e cajú

Frango:
16. Frango c/ cogumelos
17. Frango frito c/ amêndoas

Pato:
18. Pato assado à Pequim

Massas:
19. Caril chao-min de gambas
20. Chao-min de legumes

Sobremesas:
21. Banana frita
22. Lichias

C. **Lê a seguinte ementa e completa com os elementos do quadro.**

bebidas	sopas	mousse de chocolate	amêijoas à Bulhão Pato
carne	água mineral	cabrito assado	bacalhau à Brás

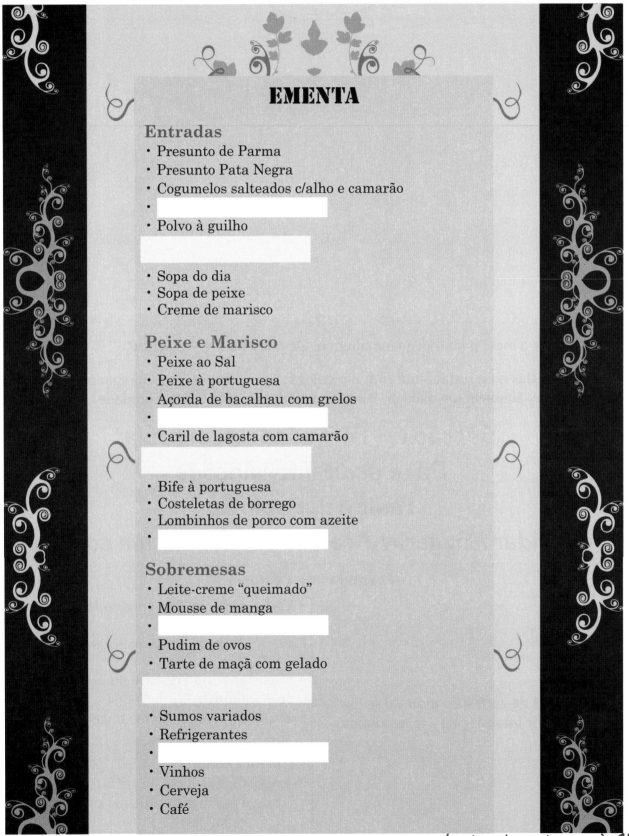

EMENTA

Entradas

- Presunto de Parma
- Presunto Pata Negra
- Cogumelos salteados c/alho e camarão
- ______________
- Polvo à guilho

____

- Sopa do dia
- Sopa de peixe
- Creme de marisco

Peixe e Marisco

- Peixe ao Sal
- Peixe à portuguesa
- Açorda de bacalhau com grelos
- ______________
- Caril de lagosta com camarão

____

- Bife à portuguesa
- Costeletas de borrego
- Lombinhos de porco com azeite
- ______________

Sobremesas

- Leite-creme "queimado"
- Mousse de manga
- ______________
- Pudim de ovos
- Tarte de maçã com gelado

____

- Sumos variados
- Refrigerantes
- ______________
- Vinhos
- Cerveja
- Café

D. **Relaciona as imagens com os nomes e coloca dentro do quadrado o número correspondente.**

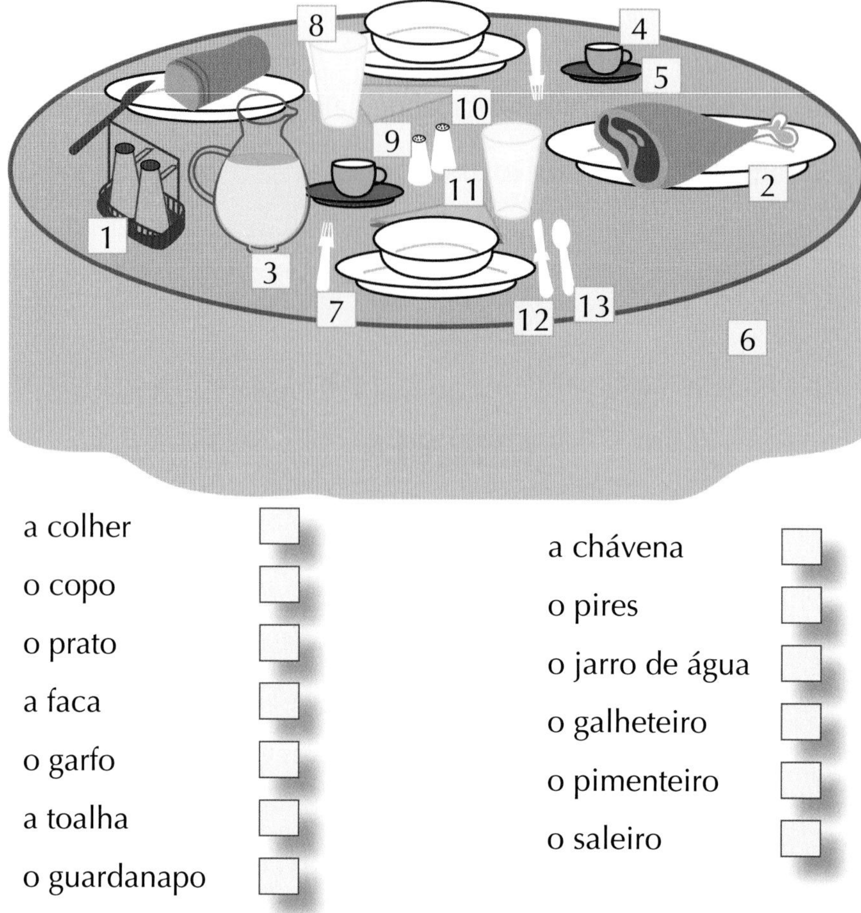

a colher	☐	a chávena	☐
o copo	☐	o pires	☐
o prato	☐	o jarro de água	☐
a faca	☐	o galheteiro	☐
o garfo	☐	o pimenteiro	☐
a toalha	☐	o saleiro	☐
o guardanapo	☐		

E. **Agora vais pôr a mesa para o pequeno-almoço. De que objetos necessitas?**

F. **Imagina que estás num restaurante com um colega. Um de vocês é o empregado de mesa e o outro o cliente. Simulem um diálogo. Podem consultar o Texto C desta unidade.**

Secção C – Fórmulas de cortesia
Dar e pedir informações
Pedir e dar opinião
Convidar / Sugerir/ Aceitar ou recusar um convite

Fórmulas de Cortesia	
Fórmulas de cortesia – usam-se sempre para pedir informações / fazer pedidos.	• **Verbo *poder* no Presente do Indicativo + Infinitivo** Exemplo: Pode dizer-me as horas? • ***Importar-se* no Presente do Indicativo + de + Infinitivo** Exemplo: Importa-se de me trazer a conta? • ***Queria* + nome** • ***Queria* + Infinitivo** Exemplo: Queria um café, se faz favor. Queria experimentar este vestido, se faz favor.

Pedir e dar informação sobre preços

- Quanto custa..., se faz favor?
- Qual é o preço..., se faz favor?
- Quanto é, se faz favor?

Quantidades exatas	Quantidades aproximadas
Custa 1 € / é 1 €.	É cerca de 1 €.
São 2 €/ custam 2 €.	São cerca de 2 € / são uns 2 €.

Qual é o preço de...?

1 bilhete de autocarro .... 1 €
1 sumo .... 1,20 €
1 par de *jeans* .... 30 €
1 bilhete de cinema .... 5 €
1 hambúrguer .... 2,75 €
1 par de ténis .... 48 €
1 café .... 0,75 €
1 CD .... 18 €

A. **E no teu país? Quanto custam estes produtos? Conversa com o teu colega. Segue o exemplo.**

Exemplo:

A: Quanto custa 1 bilhete de autocarro?
B: Custa cerca de...

Pedir e dar opinião

- O que é que achas?
- Qual é a tua opinião?
- Concordas?

- Acho que...
- Penso que...
- Parece-me que...
- Considero que...

Convidar / Sugerir
Aceitar / Recusar um convite

- **Verbo *querer* no Presente do Indicativo + Infinitivo**

Exemplo: Queres ir ao cinema?

- **Verbo *ir* no Presente do Indicativo + Infinitivo**

Exemplo: Vamos ter com a Ana?

- Com certeza!
- Está bem.
- Que ótima ideia!
- Com muito gosto / prazer!
- Tenho pena, mas não posso.
- Agradeço, mas é impossível.
- Hoje não posso. Talvez amanhã.

B. **O que dirias nas seguintes situações? Completa os diálogos.**

1. ***Na papelaria...***

A: ______________________ dar-me aquela revista?
B: Com certeza. Aqui tem.
A: ______________________ uma revista sobre desporto?
B: Olhe, tenho esta sobre vela. ______________________ muito interessante.
A: Quanto custa?
B: ______________________ euros.

2. ***No café...***

A: ______________________ uma bica, se faz favor.
B: Curta ou cheia?
A: Curta. Quanto é ______________________ ?
B: São 55 ______________________ .

3. ***Na farmácia...***

A: Bom dia! ______________________ uma caixa de aspirinas.
B: Efervescentes ou em comprimido?
A: O que recomenda?
B: ______________________ que as efervescentes são melhores.
A: Quanto custa?
B: ______________________ euros.
A: Bom dia.
B: Bom dia.

4. ***Na agência de viagens...***

A: Boa tarde. ______________________ informação?
B: O que deseja saber?
A: ______________________ bilhete de *inter-rail*?
B: O preço depende do número de países que quer visitar.
A: ______________________ os percursos?
B: Aqui tem os folhetos. Atenção que os preços ainda não estão atualizados.

5. ***Numa esplanada ...***

A: Vamos ao cinema amanhã à tarde? O que é que achas?
B: ______________________ .
A: Vamos convidar o Pedro?
B: ______________________ ! Então, podemos encontrar-nos na bilheteira.

6. ***No fim de semana...***

A: Queres ir conhecer Évora?
B: Está bem! Então podemos ir no próximo domingo. Concordas?
A: ______________________ , mas não posso ir. Podemos ir daqui a duas semanas.
B: ______________________ . Então, fica combinado.

Atividade 6

Estudo da Língua

Secção B – Demonstrativos

A. **Lê as frases e presta atenção às palavras destacadas:**

Aquele vestido.
Aqueles vestidos.
Este cinto.
Estes cintos.
Esta carteira.
Estas carteiras.
Esse casaco.
Esses casacos.

Quais calças? ***Estas*** aqui?
Gostas do vestido? Qual?
Aquele ali?
Isto é giro!
Aquilo é caro!
Isso custa 10 euros.

Demonstrativos Variáveis			
Singular		**Plural**	
Masculino	**Feminino**	**Masculino**	**Feminino**
este	esta	estes	estas
esse	essa	esses	essas
aquele	aquela	aqueles	aquelas

Demonstrativos Invariáveis		
isto	isso	aquilo

Nota:

- Repara que os demonstrativos concordam em género e número com o nome a que se referem.

Estas palavras são empregues para expressar relações espaciais de proximidade e afastamento:

- Próximo do falante (este, esta, estes, estas, isto)
- Próximo de quem ouve (esse, essa, esses, essas, isso)
- Longe do falante e de quem ouve (aquele, aquela, aqueles, aquelas, aquilo).

Nota: Os pronomes demonstrativos invariáveis servem para indicar alguma coisa desconhecida ou que não queremos nomear.

Exemplo: O que é isto?
Isso é um *top*.

Demonstrativos associados aos advérbios de lugar (*aqui, aí, ali*)

Repara nas frases:
Estas **aqui**?
Isso **aí**?
Aquele **ali**.
Este quadro **aqui**.
Aqueles bolos **ali**.

Nestes exemplos o demonstrativo está associado a um advérbio de lugar.

- Aqui ⇨ neste lugar (próximo do falante)
- Ali ⇨ naquele lugar (afastado do falante e do ouvinte)
- Aí ⇨ nesse lugar (próximo do ouvinte)

B. A Yuan e a Ana vão à festa da Joana. Observa as imagens e completa os diálogos com os demonstrativos correspondentes.

1.

Ana: ____________________ é teu?

Yuan: O quê? O relógio? Não, não é meu, é da Ília. Mas ____________________ que está em cima da mesa é meu. E ____________________ brincos? São teus?

Ana: São, mas ____________________ também são meus.

2.

Yuan: Passa-me os sapatos, se fazes favor!

Ana: Quais? ____________________ ?

Yuan: Não, não são ____________________ .

Ana: Leva ____________________ aí, são mais modernos.

3.

Ana: Podes dar-me ____________________ *top*?

Yuan: ____________________ às flores ou ____________________ aos quadrados?

Ana: Não, não são ____________________ . Prefiro um liso.

Yuan: Tenho ____________________ preto.

Ana: ____________________ é giro .

4.

Ana: ____________________ saia de riscas fica bem com o *top* preto!

Yuan: Porque não levas ____________________ sapatos? E ____________________ cinto?

Ana: ____________________ aí? ____________________ sapatos são muito altos, prefiro ____________________ . É ____________________ cinto que queres?

Yuan: Sim, é ____________________ aí.

Atividade 7

Escrever

A. **Imagina que a Ana vai visitar a tua cidade no próximo mês. Ela quer ir às compras, a uma exposição e a um restaurante típico.**
Escreve uma carta, faz planos e dá sugestões.

Local
Data

Querida Ana,

Estou muito contente com a tua visita. No mês que vem vamos passar uns dias em grande.
Vamos____
____
____
____
____
____

Beijinhos

Trabalho de grupo

Faz uma pesquisa e, com os teus colegas, planeiem uma visita de final de ano letivo pela vossa cidade para o final do período. Apresentem o trabalho em forma de desdobrável.

Já sou capaz de:

	🙂	😐	🙁
falar de ações no futuro próximo	☐	☐	☐
exprimir intenções	☐	☐	☐
convidar alguém	☐	☐	☐
fazer sugestões	☐	☐	☐
aceitar / recusar um convite	☐	☐	☐
pedir e dar uma opinião	☐	☐	☐
dar e pedir informações	☐	☐	☐
fazer pedidos	☐	☐	☐

UNIDADE 10

Rotina... Nem pensar!

Vamos aprender a:

- Falar do corpo humano
- Descrever estados físicos
- Falar de desportos / atividades de lazer / equipamentos
- Falar dos tempos livres
- Dar justificações
- Fazer comparações

Vamos aprender:

- Conectores discursivos de causa
- Graus dos adjetivos

Vamos aprender:

- Léxico e expressões sobre o corpo humano
- Estados físicos
- Nomes de desportos e atividades de lazer
- Nomes de equipamentos desportivos
- Tipos de espetáculos

Tarefas

Atividade 1

Vocabulário

Secção A
- Corpo humano / descrição do estado físico

Secção B
- Desportos / atividades de lazer / equipamentos

Atividade 2

Ouvir / Ler / Escrever

- Ler textos *Jogos* e *Passatempos*
- Identificar atividades de lazer
- Responder a questões

Atividade 3

Estudo da Língua

Secção A
- Conectores discursivos de causa

Atividade 4

Ouvir / Ler / Escrever

- Ler um artigo de jornal
- Preencher um quadro
- Completar frases
- Completar um diálogo
- Responder a questões
- Ler cartazes publicitários
- Preencher um quadro

Atividade 5

Estudo da Língua

Secção B
- Adjetivos - comparativos e superlativos

Atividade 6

Escrever

- Escrever um artigo sobre um desporto para o jornal da escola

Trabalho de grupo

Elaborar um cartaz sobre as atividades extra-curriculares.

Atividade 1

Vocabulário

Secção A – Corpo humano / Descrição do estado físico

A. Testa os teus conhecimentos sobre desportos. Completa as frases seguintes.

pernas
cabeça
mão
braços
pés
joelhos

1. No futebol podes tocar na bola com a ______ e os ______.
2. No judo não podes agarrar nas ______ do adversário.
3. No andebol não deves dar mais de três passos com a bola na ______.
4. No *surf* deves saber usar os ______, os ______, as ______ e os ______ para teres equilíbrio.

A
dor de cabeça

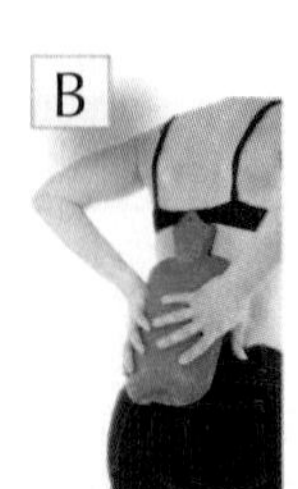
B
dor de costas

C
dores nas pernas

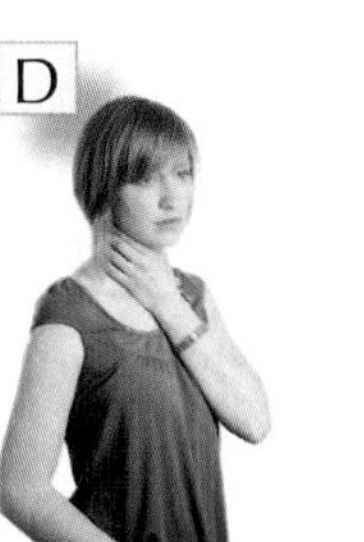
D
dor de garganta

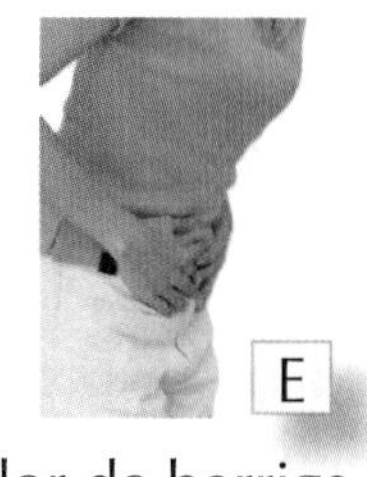
E
dor de barriga

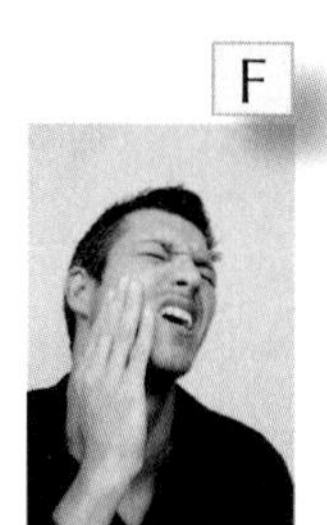
F
dor de dentes

Descrição do estado físico

Estar com + dor / dores de
Exemplo: Estou com dor de cabeça.
Estou com dores nas pernas.

Ter + dores de
Exemplo: Tenho dores de dentes.

Doer	
Dói-me a barriga.	Doem-me os ouvidos.
Dói-te o joelho.	Doem-te os pés.
Dói-lhe o peito.	Doem-lhe as costas.

B. Constrói frases a partir das imagens e das estruturas anteriores.

1

2

3

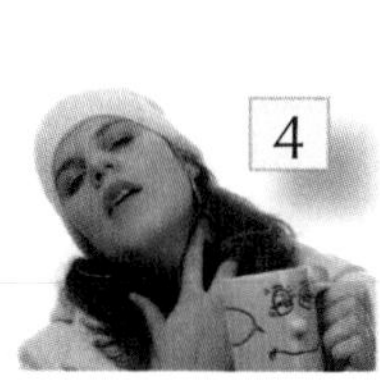
4

5

1. ______
2. ______
3. ______
4. ______
5. ______

Secção B – Desportos / Atividades de Lazer / Equipamentos

A. **Lê o texto.**

Não te deixes afundar na rotina do Inverno! "Acorda" e convida alguém para uma nova experiência: patinar, ter uma aula de equitação, fazer *surf*, fazer um curso de cozinha japonesa, aprender russo... Devemos viver todos os minutos da vida!

B. **Sublinha todas as palavras relacionadas com desportos e atividades de lazer.**

C. **Como é que os jovens adolescentes passam o seu tempo livre? Assinala com um X as atividades que, na tua opinião, são mais comuns entre os jovens.**

ténis

atletismo

futebol

jogar às cartas

natação

patinagem

andar de *skate*

bodyboard

surf

navegar na *Internet*

capoeira

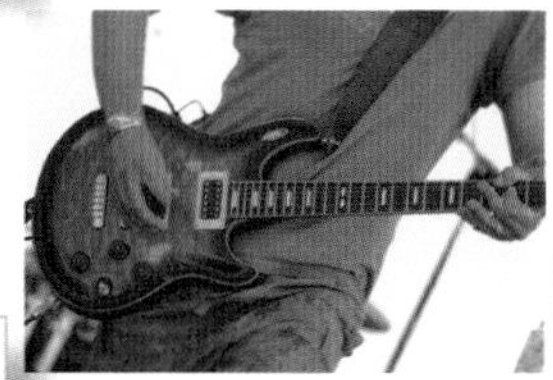

tocar guitarra

hipismo

râguebi

ler

D. Lê e coloca no quadro respetivo o que está relacionado com cada um destes desportos ou atividades.

capacete
calças
botas

calções
prancha

bola
rede
calções
ténis

luvas
bastão
esqui

mochila
capacete
corda

bola
meias
chuteiras

touca
óculos
fato de banho

fato
cinturão
tapete

capacete
bicicleta
luvas

patins
ringue

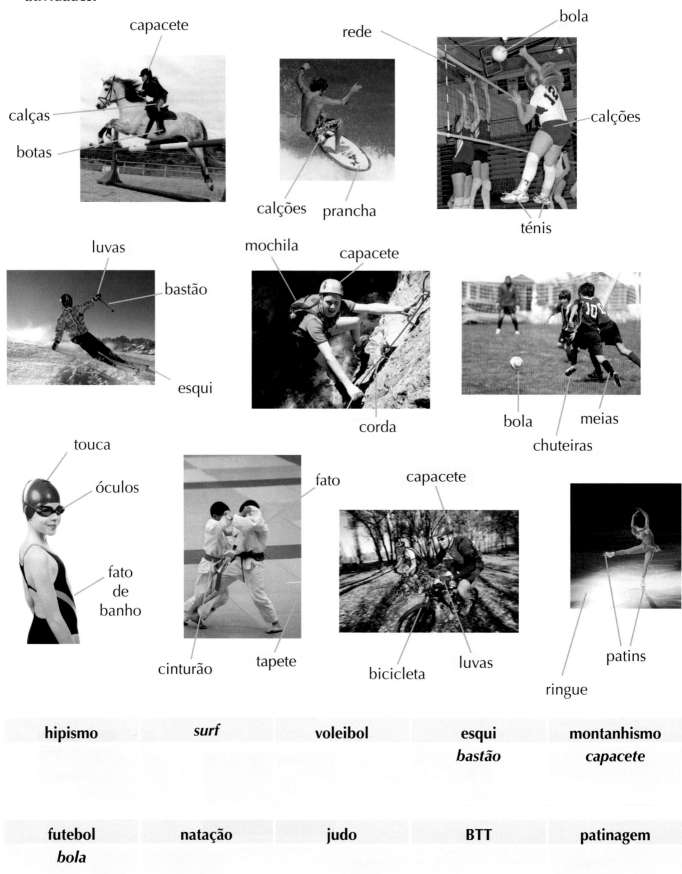

hipismo	*surf*	voleibol	esqui	montanhismo
			bastão	*capacete*

futebol	natação	judo	BTT	patinagem
bola				

E. Agora, desafia os teus colegas a adivinharem qual é o teu desporto favorito. Indica o equipamento necessário para a sua prática.

Atividade 2

Ouvir / Ler / Escrever

A. Ouve e lê os seguintes textos. Identifica o nome do desporto ou passatempo. Faz a correspondência entre os textos e as imagens.

Jogos e Passatempos

Gustavo Peres Alves, do 8º ano D, adora jogar ao *Second Life* e ao *Sims*. Ele sente muito entusiasmo quando interage com outros habitantes deste mundo virtual. Também gosta de imaginar cidades, construir prédios e a cidade perfeita onde todos os miúdos têm espaço para brincar.

Ele joga...

Adaptado do Mensário Noticioso, *Jovens*, Escola Técnica e Liceal Salesiana do Estoril

1

A

Nos dias 15 e 16 deste mês, a praia do Tamariz recebe um torneio de uma escola. Nem o vento, nem o sol, vão dificultar a ação dos alunos do 2º e 3º ciclos e secundário que vão participar com grande espírito competitivo e desportivo neste torneio organizado pelos professores de Educação Física. O Miguel Maia e o João Brenha que se cuidem, pois, pelo que se vê, existem seguidores de nível. A rede já está colocada e as duas equipas estão prontas a lançar a bola. O Manuel faz a primeira manchete.

Eles jogam...

Adaptado do Mensário Noticioso, *Jovem*, Escola Técnica e Liceal Salesiana do Estoril

2

B

C

"Gosto muito deste desporto. É um desporto muito divertido, pois dá a sensação de que se está a deslizar na água. É muito emocionante dar saltos e fazer outras avarias em cima de uma prancha. Este desporto nasce no Hawai, mas hoje pratica-se muito em Portugal" conta a Francisca Santos.

Ela pratica...

3

D

"Sinto liberdade, sinto prazer. Sozinho ou em grupo é sempre bom mexer o corpo ao ritmo de vários sons. Há umas danças de que gosto mais, mas a minha preferida é o *hip-hop* e, por isso, tenho aulas duas vezes por semana no ginásio" diz o Miguel Soares.

Ele pratica...

4

E

Pedro Barreto tem 10 anos e quer seguir os passos do seu bisavô, uma das primeiras pessoas a praticar este desporto em Portugal. É o segundo desporto coletivo mais popular do planeta. Surge em Inglaterra em meados do século XIX. É jogado por duas equipas de 15, em duas partes de 40 minutos. O objetivo é marcar o maior número de pontos.

Ele pratica...

Adaptado de *Visão Júnior* Nº 37, junho de 2007

5

B. **De todos os jogos e passatempos referidos nos textos anteriores, indica qual achas mais**

- difícil ☐
- emocionante ☐
- relaxante ☐
- exigente ☐
- aborrecido ☐
- arriscado ☐
- criativo ☐

C. **Agora, justifica a tua escolha.**

Atividade 3

Estudo da Língua

Secção A – Conectores discursivos de causa

Quando falamos sobre as qualidades de um desporto ou de uma atividade de lazer devemos apresentar razões para a nossa escolha. Usa os conectores do quadro.

porque
uma vez que
visto que
dado que

A. **Junta A + B + C e constrói frases.**
Faz as alterações necessárias.
Segue o exemplo:

Exemplo:
Nadar é relaxante porque estamos dentro de água.

A	B	C
nadar	saudável	podes jogar em qualquer parte
andar de bicicleta	benéfico	fazes exercício
fazer *surf*	prático	entras num mundo diferente
jogar futebol	difícil	necessitas de muita energia
fazer *snowboard*	emocionante	precisas de muita técnica
fazer mergulho	**relaxante**	o equipamento é muito caro
esquiar	exigente	exercitas os músculos
correr	dispendioso	**estamos dentro de água**

Atividade 4

Ouvir / Ler / Escrever

A. **Ouve e lê este artigo do jornal Global Notícias.**

...Francisca Santos é atleta do Centro Internacional de *Surf* da Costa da Caparica. Ganha pela 3ª vez consecutiva o campeonato Pró Júnior. "Não me posso queixar, este ano é realmente inesquecível" confessa entre risos que cativam. Junto dos seus pares é notório o carinho que todos sentem por Francisca Pereira dos Santos, 18 anos, há anos no *surf*. Por onde passa recebe sempre os parabéns e o reconhecimento do seu trabalho.

Despretensiosa, ela reconhece que ainda não sabe muito bem o que quer para a sua carreira. "Não gosto de falar do futuro. Quando as oportunidades surgem simplesmente procuro aproveitar", garante. No entanto, Kika ou Xica, como é conhecida no meio, investe todos os seus ganhos na sua carreira, o que demonstra de algum modo o que pretende fazer da sua vida...

Apesar dos seus 18 anos, a atleta já conhece alguns dos paraísos da modalidade como as Maldivas e a Indonésia, mas também o berço do *surf*, a Austrália.

"É um país que vive o *surf* de uma forma muito diferente da nossa. É o futebol deles. Há miúdos de 13 anos na água, mas também pessoas com uma certa idade", relembra. Esta portuguesa tem como um dos seus patrocinadores a *Roxy*, marca que aposta muito nesta atleta. Neste momento, a Francisca está noutro local mítico da modalidade, o Hawai.

"O objetivo é viajar todos os meses para ganhar experiência e melhorar a técnica. Admito que quando entro na água, ainda entro muito nervosa e isso, às vezes, prejudica-me. Estamos a trabalhar esse aspeto que, no meu ponto de vista, vai atenuar com o passar dos anos. O segredo é competir muito para eu perder qualquer receio."

Jornal Global Notícias de 28 de novembro de 2007 (adaptado)

B. **Dá um título a este artigo.**

C. **Preenche o quadro com tópicos de acordo com o texto.**

Quem?	
O que pratica?	
Há quanto tempo?	
Países que conhece	
Objetivos	

D. **Completa as seguintes frases.**

1. Todos os colegas da Francisca ____________ dela.
2. Apesar do sucesso, a Francisca é uma rapariga ____________ .
3. Ela tem apenas 18 anos, mas ____________ .
4. Hawai é o local onde a Francisca ____________ .

5. Às vezes, a Francisca prejudica-se porque ______________________.
6. Competir ______________________.

E. Supõe que agora estás a entrevistar a Francisca. Faz as perguntas adequadas às respostas.

1. ______________________?
   Chamo-me Francisca.
2. ______________________?
   Não, eu ainda não sei o que quero fazer no futuro.
3. ______________________?
   Claro que é importante ter um patrocinador porque assim é tudo mais fácil.
4. ______________________?
   Neste momento estou a treinar muito para ter mais confiança.
5. ______________________?
   Sim, os meus pais apoiam sempre o que faço.
6. ______________________?
   Normalmente ao fim de semana, descanso e saio com os meus amigos.
   Obrigado e boa sorte!
   Obrigada.

F. E tu? Praticas algum desporto? Aponta razões.

G. Há uma série de eventos em Lisboa. O grupo do Pedro está a ver qual deles é o mais interessante. Lê os textos.

Estádio Nacional do Jamor
Estoril Open
Shaparova
23 de abril a 1 de maio
quinta-feira dia 28
Desconto para estudantes

Atlântico Multiusos de Lisboa
Ben Harper & The Innocent Criminals
Plateia em pé - 25€
01-05-2009
21.00

Surf & *Bodyboard* **BUONDI * ROXY**
1ª etapa 11 e 12 de Março Carcavelos
2ª etapa 1 e 2 de Abril Costa da Caparica
Inscrições *on-line*
www.Culx.net

Temporada de ballet
Teatro Camões
Companhia Nacional de Bailado
11 de junho
A partir das 16 h - 15 €

Teatro D. Maria II
A Barca do Inferno – Gil Vicente
Para escolas preço especial 5€
Todos os sábados às 15 horas

H. **Preenche o seguinte quadro. Retira as informações dos cartazes publicitários.**

evento	local	atividade	figura conhecida	preço	data	hora

I. **Qual destes eventos preferes. Porquê?**

Atividade 5

Estudo da Língua

Secção B - Adjetivos - Comparativos e Superlativos

A. **Lê o texto.**

Harry Potter e os Talismãs da Morte, último livro da saga, tem sucesso em todo o mundo. É o livro mais vendido no mundo inteiro e em menos tempo: mais de 11 milhões de exemplares nas primeiras 24 horas.

E os países, como reagem a este fenómeno?

PORTUGAL – De certa forma podemos dizer que Harry Potter é um bocadinho português. Segundo a própria Joanne Rowling muitos capítulos de *Harry Potter e a Pedra Filosofal,* incluindo *O Espelho dos Invisíveis,* que é o capítulo mais emocionante, segundo Joanne, são inspirados na cidade do Porto. Joanne visita às vezes o Porto, pois vivem lá antigos alunos da autora.

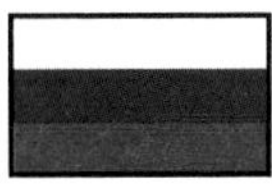

RÚSSIA – Uma autora russa, que quer ser tão famosa como a Joanne, tem um livro sobre a "noiva" perfeita para Harry Potter: uma órfã chamada Tânia Grotter, que tem uma marca na testa e luta contra uma força terrível, de tal modo que não pode ser nomeada. Estão a reconhecer a história?

CHINA – Os livros de Harry Potter são também um fenómeno na China. A prova disso é que eles próprios escrevem aventuras chinesas com títulos como: *Harry Potter e a Boneca de Porcelana* ou *Harry Potter e a luta entre o Leopardo e o Dragão*. Mas não são menos criativos do que os da autora inglesa.

FRANÇA – A vassoura mais rápida do mundo, com que Sirius presenteia Harry tem o nome francês de *L'Éclais de Feu*, traduzido à letra de *Firebolt*.

Curiosidades

- A edição para invisuais do sétimo Harry Potter tem mais 900 páginas e mais cinco quilos do que a edição normal, por isso, é mais pesada do que a edição normal.
- Joanne Rowling é mais rica do que a rainha de Inglaterra.
- A frase mais ouvida pela Joanne é: "Escreva outro livro."
- A frase menos ouvida pela Joanne é: "Mate o Ron".

(adaptado de um artigo da *Visão Júnior* nº 42, setembro de 2007)

B. **Lê com atenção as frases do texto.**

A edição, em braile, de Harry Potter é mais pesada do que a edição normal.
As aventuras chinesas não são menos criativas do que as aventuras do Harry Potter.
O capítulo mais emocionante do livro é inspirado na cidade do Porto.
A frase mais ouvida pela Joanne é: "Escreva outro livro".
A frase menos ouvida pela Joanne é: "Mate o Ron".

C. **Agora, completa as seguintes frases com as palavras do quadro.**

comparativo género número

1. Os adjetivos têm três graus: normal, ____________________ e superlativo.
2. De um modo geral, os adjetivos variam em ____________________ e ____________________ .

COMPARATIVO: Superioridade, igualdade, inferioridade
As palavras a cor de rosa exprimem uma comparação. Os adjetivos estão no grau comparativo. O comparativo pode indicar que um ser possui determinada qualidade em grau superior, igual ou inferior a outro. • A edição em braile de Harry Potter é mais pesada do que a edição normal. – <u>comparativo de superioridade</u> • Uma autora russa, que quer ser tão famosa como a Joanne, tem um livro sobre a noiva "perfeita" para Harry Potter. – <u>comparativo de igualdade</u> • Os livros chineses sobre o Harry Potter não são menos criativos do que os da autora inglesa. – <u>comparativo de inferioridade</u>

SUPERLATIVO: Superioridade, inferioridade
As palavras a cor de laranja exprimem que, em comparação à totalidade dos seres que apresentam a mesma qualidade, um sobressai por possuí-la em grau maior ou menor. • O franceses chamam à vassoura mais rápida do mundo *L'Éclais de Feu*. – <u>superlativo de superioridade</u> • A frase menos ouvida pela Joanne é: "Mate o Ron". – <u>superlativo de inferioridade</u>

D. Escreve o comparativo e o superlativo dos seguintes adjetivos.

normal	Comparativo superioridade	igualdade	inferioridade	Superlativo
1. fácil	**mais** fácil **do que**	**tão** fácil **como**	**menos** fácil **do que**	**o** mais fácil **(de)**
2. fraco				
3. perigoso				
4. bonitos				
5. segura				
6. gordo				
7. triste				
8. lento				

Comparativos e Superlativos irregulares

normal	comparativo	superlativo
bom	melhor	o melhor
mau	pior	o pior
grande	maior	o maior
pequeno	menor	o menor

E. Coloca os adjetivos entre parênteses no grau normal, comparativo ou superlativo.

1. Fazer *surf* é uma modalidade ______________ o basquetebol. *(caro)*
2. Este é ______________ jogador de basquetebol. *(bom)*
3. O meu professor de *surf* é ______________. *(competente)*
4. Praticar golfe ______________ jogar ténis de mesa. *(divertido)*
5. Este taco é ______________ da loja. *(caro)*
6. O Manchester United é o clube ______________ da Grã Bretanha. *(famoso)*
7. O centro desportivo fica ______________ da minha casa ______________ da tua. *(afastado)*
8. Esta rede está ______________ aquela. É preciso baixar uma ou subir a outra. *(alto)*
9. O João é o aluno ______________ da equipa. *(esperto)*
10. Fazer yoga é ______________. *(relaxante)*
11. O Maracanã é o ______________ estádio de futebol do mundo. *(grande)*
12. Este clube é o ______________, vai descer de divisão. *(mau)*

F. Observa as imagens. Escreve frases e faz comparações.

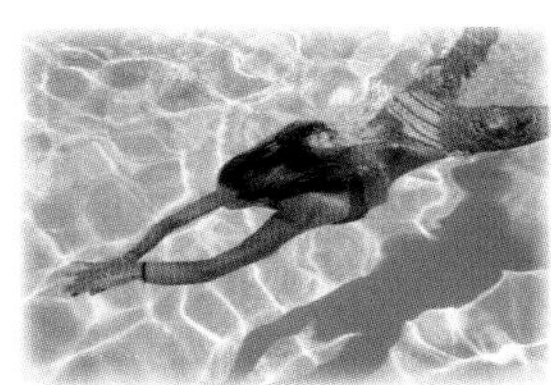

1. ____
____. *(emocionante)*

2. ____

____. *(difícil)*

3. ____

____. *(interessante)*

4. ____

____. *(arriscado)*

5. ____

____. *(cansativo)*

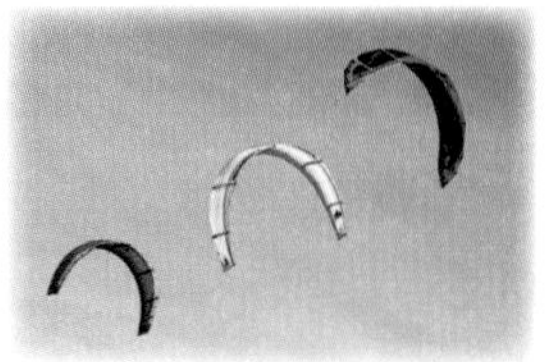

6. ____

____. *(perigoso)*

7. ____

____. *(saudável)*

G. **Observa as imagens das três pranchas e faz comparações. Usa os adjetivos do quadro. Segue o exemplo:**

comprido
moderno
grande
caro
leve
rápido

Exemplo:

A: A prancha da esquerda é a mais moderna.
B: A prancha às bolas é mais rápida do que as outras.

H. **Destas três pranchas, qual é a que preferes?**

A prancha que eu prefiro é a ______ porque

Atividade 6

Escrever

A. **Escolhe um desporto para escreveres um artigo para o jornal da escola. Segue o plano.**

Parágrafo 1: Indica o teu desporto favorito e explica porque gostas dele.

Parágrafo 2: Aponta os aspetos positivos deste desporto. (apresenta razões)

Parágrafo 3: Refere também alguns aspetos negativos desta modalidade. Ilustra com um exemplo. (apresenta razões)

Parágrafo 4: Conclui, dando a tua opinião, e justifica.

Trabalho de grupo

Que atividades extracurriculares e clubes existem na vossa escola? Façam um cartaz com as informações que recolheram e ilustrem com fotografias. Podem sugerir outras atividades ou clubes.

Já sou capaz de:

	🙂	😐	🙁
identificar partes do corpo humano	☐	☐	☐
descrever estados físicos	☐	☐	☐
falar de desportos, atividades de lazer e equipamentos	☐	☐	☐
falar dos tempos livres	☐	☐	☐
dar justificações	☐	☐	☐
fazer comparações	☐	☐	☐

UNIDADE 11

Vidas

Vamos aprender a:

- Falar de ações passadas pontuais
- Falar de ações passadas recentes
- Narrar / relatar acontecimentos passados
- Situar ações passadas no tempo
- Relacionar momentos do passado
- Redigir uma biografia

Vamos aprender:

- Pretérito Perfeito Simples do Indicativo (verbos regulares e irregulares)
- Advérbios e expressões de tempo
- Advérbios e locuções adverbiais de tempo (*já, nunca, ainda não*)
- *Acabar de* + Infinitivo

Vamos aprender:

- Léxico relacionado com viagens / férias
- Dados biográficos

Tarefas

Atividade 1

Ouvir / Ler / Escrever
- *Reserva Natural das Dunas de São Jacinto*
- *Visita histórica a Lisboa*
- *Uma visita de estudo mágica*
- Responder a questões
- Corrigir frases

Atividade 2

Estudo da Língua

Secção A
- Pretérito Perfeito Simples do Indicativo: verbos regulares e irregulares
- Advérbios e expressões de tempo
- Advérbios e locuções adverbiais de tempo (*já, nunca, ainda não*)

Secção B
- Passado recente (*acabar de* + Infinitivo)

Atividade 3

Ouvir / Ler / Escrever
- *Estudantes gelados*
- Preencher quadro
- Descrever a rota de uma viagem

Atividade 4

Falar
- Descrever a viagem de que mais gostaste

Atividade 5

Ouvir / Ler
- *Neil Armstrong*
- Ordenar parágrafos

Atividade 6

Escrever
- Redigir uma biografa

Trabalho de grupo

Fazer uma exposição com biografias de exploradores e viajantes famosos.

Atividade 1

Ouvir / Ler / Escrever

Como sabes, o grupo tem um blogue. Eles estão a ler os textos sobre as visitas de estudo que eles e os seus colegas de outras escolas fizeram.

A. **Ouve e lê os textos.**

TEXTO A

Reserva Natural das Dunas de São Jacinto

A Matilde e a Rita meteram-se ao caminho e deram largas passadas para conhecer a Reserva Natural das Dunas de São Jacinto, na zona de Aveiro.

"Sabem que esta zona foi um grande areal?", perguntou a guia Angelina às duas amigas. Estafadas pela caminhada, a Matilde e a Rita ainda tiveram forças para ouvir a explicação: "Esta zona já foi muito diferente. Devido aos ventos e marés, as dunas desapareceram no passado. Os serviços florestais acabaram de plantar muitos pinheiros-bravos para ajudar a segurar a areia. Isto é um segredo porque só as pessoas que percorrem os trilhos da Reserva o sabem". Na verdade, foi necessário andar sete quilómetros para completar um dos percursos da visita. Pelo caminho, viram árvores tombadas, muitos pinheiros e, na zona das dunas, descobriram diferentes espécies de plantas.
Angelina explicou que o Homem fez uma grande asneira. Plantou ali acácias e esta espécie prejudicou as restantes espécies.
"Gostámos muito da reserva e de atravessar as dunas até à praia", sublinha a Rita.

In Visão Júnior nº 49 (adaptado)

TEXTO B

Visita histórica a Lisboa

"No dia 21 de fevereiro, eu e a minha turma realizámos uma visita de estudo no âmbito do trabalho de Área de Projeto aos principais monumentos de Lisboa: o Castelo de S. Jorge, a Sé de Lisboa, o Mosteiro dos Jerónimos, a Torre de Belém e o Padrão dos Descobrimentos.

Partimos para o metro por volta das 9h15m e saímos na estação da Baixa-Chiado. Percorremos uma distância razoável até às portas do Castelo de S. Jorge. Já no interior das muralhas, fizemos uma breve apresentação sobre o castelo e sobre a sua história. No castelo também vimos um espetáculo multimédia (Olisipónia). Após a visita ao castelo, descemos a colina até à Sé de Lisboa. Mais tarde, almoçámos nos jardins em frente ao Mosteiro dos Jerónimos.

Visitámos o Centro Cultural de Belém, mas não vimos a exposição permanente de arte moderna. Passeámos nos seus jardins de relvados geométricos e oliveiras. Apreciámos o cais e o rio Tejo ali tão perto."

Jorge nº12 7º ano Turma A

TEXTO C

Uma Visita de Estudo mágica

"No dia 23 de Abril, por volta das 9h30m, eu e os meus colegas das turmas do 6º ano reunimo-nos à porta da escola, para partir numa viagem rumo a Sintra. O objetivo foi visitar essa bela vila que é Património da Humanidade. De manhã, visitámos o Palácio Nacional de Sintra, onde vimos a sala dos Brasões, com os nomes das principais famílias da nobreza portuguesa, a sala dos Cisnes e a magnífica cozinha do Palácio.

Mais tarde, almoçámos no Parque das Merendas, onde nos divertimos muito. Em seguida, caminhámos pela Vila de Sintra e visitámos a Quinta da Regaleira. Foi a parte da visita mais divertida e animada. Esta quinta tem um grande palácio que é o edifício principal. Este palácio também é conhecido pelo Palácio do Monteiro dos Milhões porque pertenceu a um homem muito rico e que foi o primeiro proprietário desta quinta. A quinta está repleta de símbolos mitológicos, cheios de segredos e mistérios. Um dos locais mais misteriosos é o "Poço Iniciático". Este poço tem este nome porque consta que uma sociedade secreta o utilizou para as suas cerimónias. Nesta visita, aprendemos que a autora do célebre Harry Potter encontrou ali inspiração para algumas das histórias fantásticas desta personagem. À tarde, voltámos para Lisboa, cheios de vontade de descobrir os segredos escondidos da Quinta da Regaleira."

Filipe Ferreira, 6, 6

Adaptado do Jornal escolar *Abancatilê*, Nº 33, junho 2009

B. **Identifica quem:**

1. esteve num museu. ______
2. fez uma visita de estudo a uma reserva natural. ______
3. andou de metro. ______
4. visitou a sala dos Brasões. ______
5. descobriu diferentes espécies de plantas. ______
6. passeou nos jardins com oliveiras. ______

C. **Todas estas afirmações são falsas. Lê novamente os textos e corrige-as.**

1. A Matilde e a Rita visitaram a Reserva de S. Jacinto sozinhas. ______
2. O passeio pelos trilhos não foi cansativo. ______
3. A distância que eles percorreram entre o Chiado e o Castelo de S. Jorge foi curta. ______
4. Eles almoçaram no interior das muralhas. ______
5. A vila de Sintra é Património Nacional. ______
6. Um dos locais menos interessantes é o "Poço Iniciático". ______

Atividade 2

Estudo da Língua

Secção A – Falar de ações passadas pontuais
Pretérito Perfeito Simples do Indicativo
Verbos regulares e irregulares

A. **Lê as seguintes frases e observa as palavras destacadas.**

No passado, as dunas desapareceram.
No dia 21 de fevereiro, realizámos uma visita de estudo.
Vimos um espetáculo multimédia.
No dia 23 de abril, fomos a uma visita de estudo a Sintra.

B. **Assinala a opção correta.**

1. As palavras destacadas são
   a) verbos. ☐
   b) expressões de tempo. ☐

2. O Pretérito Perfeito Simples usa-se para exprimir
   a) ações passadas pontuais. ☐
   b) ações habituais no presente. ☐

3. As palavras a laranja são
a) verbos irregulares. ☐
b) verbos regulares. ☐

4. As palavras a verde são
a) verbos irregulares. ☐
b) verbos regulares. ☐

Pretérito Perfeito Simples do Indicativo - Verbos regulares

O Pretérito Perfeito Simples do Indicativo forma-se a partir do radical do verbo, acrescentando a terminação regular para cada pessoa.

	1ª conjugação -ar		2ª conjugação -er		3ª conjugação -ir	
eu	comecei	as aulas às 7.30	comi	um pastel de nata	cumpri	tudo
tu	realizaste	uma visita de estudo	bebeste	chá de menta	partiste	cedo
ele, ela, você, o senhor, a senhora	jogou	à apanhada	viveu	na Quinta da Regaleira	desistiu	de tocar
nós	visitámos	um mosteiro	recebemos	um presente	partimos	para a vila
eles, elas, vocês, os senhores, as senhoras	viajaram	até Sintra	venderam	a casa	abriram	a sala dos Brasões

Pretérito Perfeito Simples do Indicativo - Verbos irregulares

Repara que os verbos do texto a verde têm formas muito diferentes umas das outras. São verbos IRREGULARES.

	dizer	trazer	fazer	querer
eu	disse	trouxe	fiz	quis
tu	disseste	trouxeste	fizeste	quiseste
ele, ela, você, o senhor, a senhora	disse	trouxe	fez	quis
nós	dissemos	trouxemos	fizemos	quisemos
eles, elas, vocês, os senhores, as senhoras	disseram	trouxeram	fizeram	quiseram

C. **Escreve os seguintes verbos no Pretérito Perfeito Simples.**

forma verbal	sujeito	forma verbal	sujeito	forma verbal
nadar	eu	nadei	nós	*nadámos*
dançar	tu		vocês	
ser	ele		elas	
ajudar	ela		os senhores	
arrumar	você		eles	
ter	eu		elas	
beber	ele		vocês	
vender	você		as senhoras	*venderam*
vir	tu		nós	
atender	ela	atendeu	eles	
decidir	o senhor		elas	
pôr	a senhora		nós	
partir	eu		vocês	
rir	tu		os senhores	
sorrir	ele		elas	

D. **Indica 5 atividades que realizaste ontem e outras 5 que não realizaste.**

O que fiz ontem	O que não fiz ontem

Advérbios e expressões de tempo

Advérbios de tempo
ontem
anteontem
já

Expressões de tempo
ontem de manhã / à tarde / à noite
há um dia / dois dias
há uma semana / um mês / dois anos
há dias
há muito / pouco tempo
há bocado / há bocadinho
ainda agora / mesmo agora
em 1974
na semana passada
no fim de semana passado
no mês / ano passado
na segunda-feira passada
no sábado / domingo passado
no inverno / verão passado

E. Observa as imagens e escreve o que o Pedro fez. Segue o exemplo:

> **Exemplo:**
>
> O Pedro comeu *pizza* há dois dias.

comer / *pizza* / há dois dias

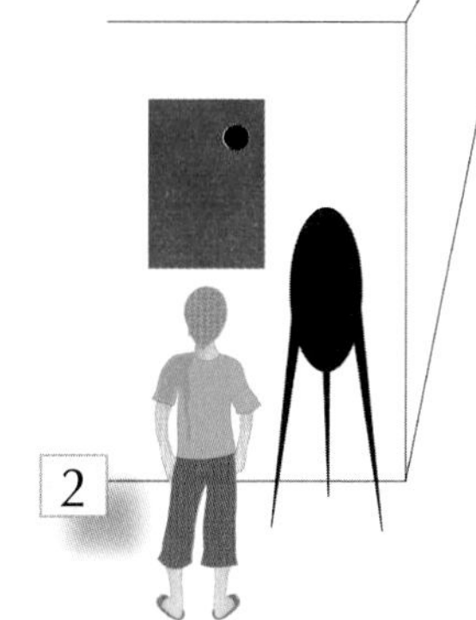

visitar / museu / há um mês

ler / livro / há algum tempo

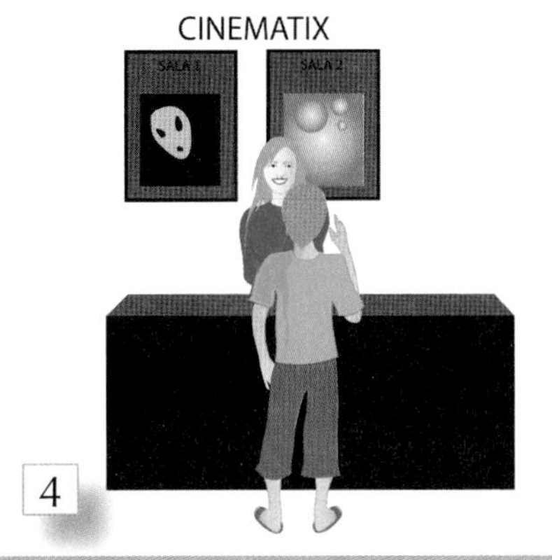

ir / cinema / domingo passado

acampar / férias de verão

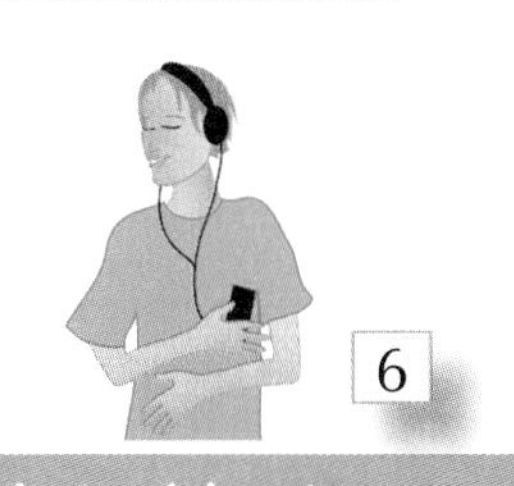

ouvir / música / ontem

F. Responde às seguintes perguntas.

Quando foi a última vez que...

1. leste um livro? ____________________
2. comeste um hambúrguer? ____________________
3. foste ao parque infantil? ____________________
4. jogaste futebol? ____________________
5. fizeste um teste? ____________________
6. passaste férias na praia? ____________________
7. trouxeste o dicionário para a aula de Português? ____________________

G. Completa as frases.

1. Ontem, eu ____________________
2. Ainda agora, a minha colega ____________________
3. Há dois dias, o meu professor ____________________
4. No verão passado, eu e a minha família ____________________
5. Há bocadinho, eu ____________________
6. No domingo passado, eu e os meus amigos ____________________
7. Há bocado, o meu vizinho ____________________

Advérbios e locuções adverbiais de tempo: *já, nunca, ainda não*

H. **Observa as imagens e lê os seguintes diálogos.**

A: Já praticaste algum desporto?
B: Já, já pratiquei.

A: Já ouviste a última canção da Nelly Furtado?
B: Não, ainda não ouvi.

Advérbios e locuções adverbiais de tempo: *já, nunca, ainda não*

- Também usamos o Pretérito Perfeito Simples com as expressões ***já***, ***nunca*** e ***ainda não***.
- ***Já*** (na afirmativa) indica que a ação foi realizada.
- ***Já*** (na interrogativa) usa-se para inquirir se a ação referida já foi realizada.
- ***Nunca*** usa-se na interrogativa e negativa e indica que a ação não foi realizada.
- ***Ainda não*** usa-se na interrogativa e negativa, indica que a ação não foi realizada, mas que há uma intenção de realização no futuro.

Exemplos: Já foste a Paris?
Sim, já fui.
Não, nunca fui.
Não, ainda não fui.

I. **Lê as seguintes curiosidades.**

1. Na Ásia comem arroz frito.
2. No Egito, bebe-se chá de hibisco.
3. No Canadá pratica-se muito hóquei no gelo.
4. Muitos turistas visitam o Brasil.
5. No México fala-se espanhol.
6. Na Alemanha muita gente ouve a música do compositor alemão Wagner.
7. Na Irlanda as crianças aprendem a língua gaélica na escola.
8. Muitos jovens lêem os livros do Tintin do autor belga Hergé.
9. Nas férias passadas, eles estiveram no centro histórico da cidade de Cracóvia.
10. Eles foram a Istambul que é uma cidade multicultural.

Agora faz perguntas ao teu colega. Segue o exemplo.

Exemplo:
A: Já alguma vez comeste arroz frito?
B: Sim, **já** comi.
Não, **nunca** comi.
Não, **ainda não** comi.

1. **A:** (beber) ______________________________ ?
   B: ______________________________
2. **A:** (praticar) ______________________________ ?
   B: ______________________________
3. **A:** (visitar) ______________________________ ?
   B: ______________________________
4. **A:** (falar) ______________________________ ?
   B: ______________________________
5. **A:** (ouvir) ______________________________ ?
   B: ______________________________
6. **A:** (aprender) ______________________________ ?
   B: ______________________________
7. **A:** (ler) ______________________________ ?
   B: ______________________________
8. **A:** (estar) ______________________________ ?
   B: ______________________________
9. **A:** (ir) ______________________________ ?
   B: ______________________________

J. **Agora fala sobre ti. Escreve quatro frases para cada uma das situações.**

1. O que é que **já** fizeste na tua vida?
2. O que é que **ainda não** fizeste na tua vida?
3. O que é que **nunca** fizeste na tua vida?

Secção B - Indicar ações acabadas de realizar recentemente
Passado recente: *acabar de* + Infinitivo

***acabar de* + Infinitivo**
Indica ações acabadas de realizar recentemente.

acabar de + Infinitivo

- Verbo *acabar* no Pretérito Perfeito + Infinitivo

Exemplo: Ela acabou de sair.
Eles acabaram de jantar.

Ambos os exemplos indicam ações acabadas de realizar recentemente.

A. **A mãe do Pedro foi passar o fim de semana fora e fez-lhe vários pedidos:**

- arrumar o quarto;
- passear o cão;
- regar as plantas;
- dar de comer ao papagaio;
- ir a casa da avó;
- comprar o jornal.

Entretanto, telefonou para saber se tudo estava a correr bem. Imagina as respostas do Pedro. Utiliza o passado recente. Segue o exemplo:

Exemplo:

Mãe, acabei de fazer a cama.

1. ______________________________
2. ______________________________
3. ______________________________
4. ______________________________
5. ______________________________

Atividade 3

Ouvir / Ler / Escrever

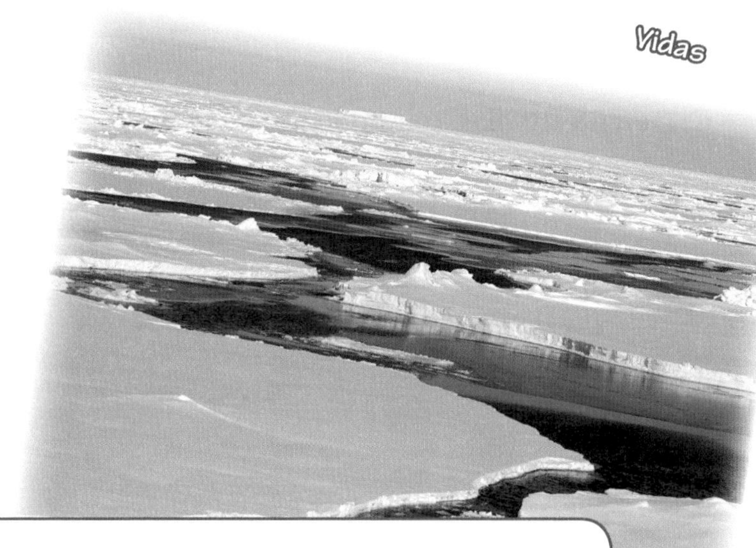

A. **Ouve e lê o texto.**

Estudantes gelados

No ano passado, as férias de Natal do João Lovita, da Inês Murteira, da Irina Boteta e da Andreia Cardoso, todos entre os 17 e os 18 anos, foram diferentes.
No dia 25 de dezembro, partiram para a Antártica, o sítio mais frio do planeta.
Como é que conseguiram? Inscreveram-se no concurso "À Descoberta das Regiões Polares" e ganharam. Foram os alunos do secundário que apresentaram os melhores trabalhos entre centenas de propostas. Porém, a característica que o júri mais valorizou, a par da originalidade, foi o rigor científico com que os trabalhos descreveram a Antártica. Afinal "O Latitude 60!", projeto do Comité Português para o ano internacional polar em que se inseriu o concurso, teve por objetivo ensinar aos mais jovens a Ciência das Regiões Polares.
Os vencedores fizeram trabalhos muito diferentes uns dos outros. A Inês apresentou um cartaz científico; a Irina escreveu uma história; outros construíram uma página na *Internet* e outros fizeram um programa de televisão.

In Visão Júnior nº 43(adaptado)

B. **Preenche o quadro com informações do texto.**

Quando?	Onde?	O quê?	Quem?	Porquê?

C. **Durante 10 dias, os estudantes fizeram uma longa viagem. Observa a rota destes estudantes e narra a viagem. Utiliza os conectores de discurso que aprendeste.**

Dia 1	25 de dezembro – Partida do Aeroporto de Lisboa. Paragem em S. Paulo (Brasil).
Dia 2	26 de dezembro – Chegada a Buenos Aires (Argentina). Primeiro encontro com os outros estudantes.
Dias 3 a 7	Exploração da Antártica. Estudo da fauna e flora. Registo das características geológicas e climáticas.
Dia 4 de Janeiro	Regresso a Portugal e reencontro com a família e os amigos.

Atividade 4

Falar

A. **Recorda a viagem de que gostaste mais e diz porquê.
Podes referir:**

- com quem / onde / quando / como viajaste;
- o que visitaste;
- onde estiveste;
- como foste;
- o que viste;
- o que compraste;
- o que comeste de diferente;
- do que gostaste / não gostaste.

Atividade 5

Ouvir / Ler

A. **Há viagens muito difíceis de realizar. Este texto é sobre a vida de Neil Armstrong, o primeiro homem a fazer uma viagem à lua.**

O texto está desordenado. Ouve e lê os parágrafos e ordena-os corretamente. Assim, ficas a saber um pouco sobre a vida deste homem.

NEIL ARMSTRONG

a) Depois de ir à Lua, tornei-me professor de engenharia na Universidade de Cincinnati.

b) Em 1966, fiz o meu primeiro voo ao espaço: a minha missão foi ligar-me a um foguetão não tripulado. Tive de aterrar de emergência em pleno Oceano Pacífico.

c) Nasci no estado americano de Ohio há setenta e oito anos. Formei-me em Engenharia Aeronáutica e entrei para a NASA.

d) Pisei a lua em 20 de julho de 1969. Disse: "Este é um pequeno passo para o Homem, mas um grande passo para a Humanidade".

e) Em 1968, ofereceram-me o comando da Apollo 11, a missão que levou um homem pela primeira vez a andar na Lua.

f) Na superfície da Lua, deixei uma bandeira dos Estados Unidos e um pequeno memorial com os nomes e as fotografias dos americanos e soviéticos que morreram antes da chegada à Lua.

1.
2.
3.
4.
5.
6.

Atividade 6

Escrever

A. **Gonçalo Cadilhe é um "viajante profissional". Já percorreu quase o mundo inteiro. Procura informação e redige a sua biografia. Redige um texto semelhante ao que acabaste de ler.**

Trabalho de grupo

Com os teus colegas, escolhe 5 exploradores ou viajantes famosos. Organizem uma exposição sobre as suas vidas, viagens ou aventuras.

Já sou capaz de:

	🙂	😐	☹️
falar de ações passadas pontuais	☐	☐	☐
falar de ações passadas recentes	☐	☐	☐
narrar / relatar acontecimentos passados	☐	☐	☐
situar ações passadas no tempo	☐	☐	☐
relacionar momentos do passado	☐	☐	☐
redigir uma biografia	☐	☐	☐

UNIDADE 12
Recordar é viver...

Vamos aprender a:

- Descrever ações habituais do passado
- Relembrar épocas passadas
- Comparar hábitos do passado com hábitos do presente

Vamos aprender:

- Hábitos do passado

Vamos aprender:

- Pretérito Imperfeito do Indicativo (verbos regulares e irregulares)
- Advérbios e expressões de tempo
- Pronomes pessoais com função de complemento direto e indireto

Tarefas

Atividade 1

Ouvir / Ler

- Exercícios de correspondência

Atividade 2

Estudo da Língua

Secção A

- Pretérito Imperfeito do Indicativo: verbos regulares e irregulares

Atividade 3

Ouvir / Ler / Escrever

- *A minha infância*
- Fazer perguntas
- Completar espaços

Atividade 4

Estudo da Língua

Secção B

- Advérbios e expressões de tempo

Atividade 5

Falar / Escrever

- Descrever imagens
- Comparar hábitos do passado com hábitos do presente

Atividade 6

Ouvir / Ler / Escrever

- *Pessoas famosas*
- Responder a questões
- Fazer perguntas

Atividade 7

Estudo da Língua

Secção C

- Pronomes pessoais com função de complemento direto e indireto

Atividade 8

Escrever

- Escrever um texto sobre hábitos do passado

Trabalho de grupo

Fazer o retrato cultural e social dos anos 60.

Atividade 1

Ouvir / Ler

A. **Faz a correspondência entre as imagens e as frases que ouves. Coloca o número correto.**

1. O pai da Ana era magro e tinha o cabelo preto.
2. A mãe da Ana tinha os cabelos compridos e usava óculos.
3. O avô da Ana era simpático e usava um bigode.
4. A tia da Ana tinha o cabelo curto e era muito alta.
5. O pai dormia até tarde.
6. O pai e os amigos jogavam futebol.
7. A mãe e o pai bebiam refrigerantes.
8. As irmãs da mãe da Ana punham flores no cabelo.

Atividade 2

Estudo da Língua

Secção A – Pretérito Imperfeito do Indicativo – Verbos regulares e irregulares

A. **Escolhe a opção correta.**

1. As palavras a laranja são
   a) verbos irregulares. ☐
   b) verbos regulares. ☐

2. As palavras a verde são
   a) verbos irregulares. ☐
   b) verbos regulares. ☐

3. O Pretérito Imperfeito Simples tem por função
   a) exprimir ações habituais no presente. ☐
   b) exprimir ações habituais no passado. ☐

Verbos regulares

	1ª conjugação cantar	**2ª conjugação beber**	**3ª conjugação partir**
eu	**cantava**	**bebia**	**partia**
tu	**cantavas**	**bebias**	**partias**
ele, ela, você, o senhor, a senhora	**cantava**	**bebia**	**partia**
nós	**cantávamos**	**bebíamos**	**partíamos**
eles, elas, vocês, os senhores, as senhoras	**cantavam**	**bebiam**	**partiam**

Repara que todas as pessoas dos verbos da primeira conjugação se formam com a terminação -ava + os elementos característicos de cada pessoa.
Os verbos da segunda e da terceira conjugações formam-se com a terminação -ia + os elementos característicos de cada pessoa.

Verbos irregulares

	ser	**ter**	**vir**	**pôr**
eu	era	tinha	vinha	punha
tu	eras	tinhas	vinhas	punhas
ele, ela, você, o senhor, a senhora	era	tinha	vinha	punha
nós	éramos	tínhamos	vínhamos	púnhamos
eles, elas, vocês, os senhores, as senhora	eram	tinham	vinham	punham

B. Estas imagens retratam pessoas dos anos 60. Descreve-as ao teu colega.

C. Como eras em criança? Refere: constituição física, altura, cor do cabelo, penteado, vestuário, etc.

Atividade 3

Ouvir / Ler / Escrever

A. Ouve e lê o texto.

A Minha Infância

A avó recorda a sua infância na China...

Eu morava em Guizhou, uma província no sudoeste da China. Esta região era muito fria. Os meus pais eram agricultores. Naquela época, na China as raparigas usavam tranças compridas e normalmente não frequentavam a escola.
Aos 12 anos já vivia em Macau. Lá, costumava ir com a minha mãe à festa do *Bate-Pau*. Era uma festa dedicada à lua. Enfeitávamos as janelas e as montras das padarias e pastelarias com lanternas e outras decorações. A minha mãe costumava comprar bolos da lua, os *bate-pau* como são chamados em Macau. Quando a lua atingia o seu ponto mais alto, começavam as orações. Antigamente, as famílias reuniam-se e iam até às praias e jardins públicos onde faziam um piquenique ao luar.

Agora, em Portugal, é tudo muito diferente. A língua é uma grande dificuldade para todos nós, especialmente para mim que sou mais velha, mas a minha neta, como é jovem, e já tem muitos amigos, fala bem português. Às vezes sinto saudades de Macau, do bairro onde vivia, Lou Kao, de passear junto do templo de A-Má donde se via o Largo da Barra e a costa.
Enfim, dantes era tudo muito diferente!

B. Faz perguntas de acordo com as palavras sublinhadas.

1. ______________________________ ? Celebrava a festa do *Bate-Pau.*
2. ______________________________ ? Vivia em Lou Kao.
3. ______________________________ ? Fazia muito frio.
4. ______________________________ ? Enfeitávamos as montras com lanternas.
5. ______________________________ ? A minha mãe comprava bolos da lua.

C. Completa com os verbos no Imperfeito do Indicativo de acordo com as informações do texto.

1. No meu tempo, as jovens ____________________ *(usar)* tranças compridas.
2. Naquela altura, as raparigas não ____________________ *(ir)* à escola.
3. Dantes, eu ____________________ *(celebrar)* o *Bate-Pau*, a festa dedicada à lua.
4. Antigamente, as famílias ____________________ *(fazer)* piqueniques ao luar.
5. Naquele tempo, em Macau eu ____________________ *(passear)* junto do templo A-Má.

Atividade 4

Estudo da Língua

Secção B - Advérbios e expressões de tempo

Para exprimir um passado longínquo usamos

Advérbios de tempo:

- *antigamente*
- *dantes*

Para exprimir um passado longínquo usamos expressões como:

- *noutros tempos*
- *naquela época*
- *naquele tempo*
- *naquela altura*

A. Completa as frases corretamente usando o Pretérito Imperfeito.

1. Dantes, eu ______________________________
2. Há dois anos, o meu colega ______________________________
3. Antigamente, nós ______________________________
4. Quando eu tinha 5 anos, ______________________________
5. Quando eram jovens, os meus avós ______________________________

B. **Escreve um pequeno texto sobre o teu dia a dia quando andavas na escola primária.**

____

____

____

____

____

Atividade 5

Falar / Escrever

A. **Observa as imagens e descreve-as oralmente. Segue o exemplo:**

> **Exemplo:**
>
> Antigamente, no início do século XX, as pessoas passeavam de charrete. Hoje passeiam de carro.

B. **O Franz recorda a sua infância em Praga. Compara a vida do Franz no passado com a atual. Segue o exemplo:**

Quando eu tinha 8 anos...	Agora...
• (*viver*) ***vivia*** em Praga.	• ***vivo*** em Lisboa.
• (*morar*) ____________ com os meus pais e os avós.	• ____________ com os padrinhos.
• (*fazer*) ____________ patinagem no gelo.	• ____________ natação.
• (*passar*) ____________ férias na neve.	• ____________ férias na praia.
• (*comer*) ____________ salsichas com mostarda.	• ____________ sardinhas assadas.
• (*pôr*) ____________ um ramo de cerejeira em água no Natal.	• ____________ ramos de azevinho na porta.
• (*fazer*) ____________ *buchty*, bolos tradicionais.	• ____________ arroz doce .
• (*ir*) ____________ para a quinta com a avó.	• ____________ para o Algarve com os amigos.
• (*visitar*) ____________ a Feira da Rosa de Cinco Pétalas com os pais.	• ____________ a Feira da Golegã com os amigos.

C. **Indica 5 atividades que costumavas fazer e que já não fazes agora. Escreve frases completas.**

____

____

____

____

____

Atividade 6

Ouvir / Ler / Escrever

A. **Às vezes é divertido recordar! Ouve e lê algumas curiosidades sobre pessoas famosas quando eram jovens.**

Pessoas Famosas

Mariza

É uma fadista portuguesa e o jornal britânico *The Guardian* considerou-a uma diva do mundo. Foi a única portuguesa até hoje a integrar os concertos *Live 8* e a ser nomeada para um *grammy* latino. Foi também a única portuguesa que David Letterman convidou. Entrevistou-a no seu *talk show*.

Nasceu em Moçambique e veio para Portugal em 1977. Viveu no bairro mais tipicamente fadista de Lisboa, a Mouraria. Segundo ela, o pai ouvia sempre fado e na hora das refeições nunca se via televisão.

Já na escola primária da Mouraria, o recreio era o seu palco. Ela fazia uma roda com os colegas e depois ia para o meio deles onde cantava. Um dos outros passatempos era o sapateado. Praticava-o à porta de casa com caricas que colava nas solas dos sapatos e utilizava latas de laca e desodorizante como microfone. Guardava-as sempre na pasta.

Mais tarde, quando frequentava a Escola Secundária Gil Vicente, durante as visitas de estudo cantava para uma plateia formada por colegas e professores. Na altura não usava o cabelo curto e louro, mas tinha o cabelo preto e sempre despenteado. Mariza gosta de recordar estes tempos.

Mourinho

José Mourinho nasceu em setembro, em 1963. Filho de um ex-guarda-redes ajudava o pai, analisava as equipas e dava-lhe conselhos sobre as estratégias a seguir.
A bola era tudo para ele e quando fazia anos queria sempre uma bola e levava-a para todo o lado.
A mãe, professora, tentava refrear os ânimos futebolísticos do rapaz, ávido por seguir a carreira do pai.
Batizava os cães com o nome dos jogadores estrangeiros. Uma das paixões de casa era o Gulit, nome do lendário jogador holandês.
Para além do futebol, também estudava. Tirou o curso de Educação Física e foi professor durante alguns anos. Hoje, é um dos treinadores mais famosos do globo.

Paula Rego

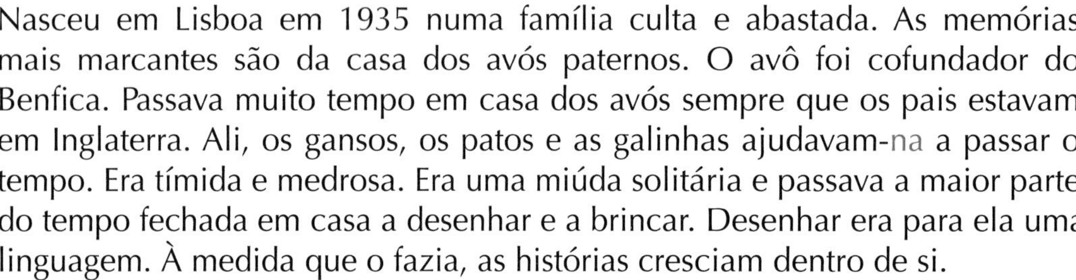

Nasceu em Lisboa em 1935 numa família culta e abastada. As memórias mais marcantes são da casa dos avós paternos. O avô foi cofundador do Benfica. Passava muito tempo em casa dos avós sempre que os pais estavam em Inglaterra. Ali, os gansos, os patos e as galinhas ajudavam-na a passar o tempo. Era tímida e medrosa. Era uma miúda solitária e passava a maior parte do tempo fechada em casa a desenhar e a brincar. Desenhar era para ela uma linguagem. À medida que o fazia, as histórias cresciam dentro de si.
Nessa altura, frequentava a St. Julian's School e os professores incentivavam-na a prosseguir a sua pintura. Os pais deram-lhe algum apoio, mas com alguma hesitação pois a pintura não era vista como uma profissão.
Foi para Londres e, em 1952, frequentava a famosa e moderna Slade School of Arts onde conheceu o marido, também pintor. Em 1963 vivia na Ericeira. Teve 3 filhos. Em 1976 foi definitivamente para Londres e é, atualmente, considerada uma pintora magistral.

B. **Responde às seguintes questões.**

1. Destas três pessoas famosas, qual gostavas de entrevistar? Justifica.

____

____

2. Imagina que vais fazer uma entrevista à pessoa que escolheste. Com o teu colega, redige 5 perguntas.

____

____

____

____

____

Atividade 7

Estudo da Língua

Secção C – Pronomes pessoais com função de complemento direto e indireto

Regra Geral:
Os pronomes pessoais com função de complemento direto e de complemento indireto são, geralmente, colocados depois do verbo.

Exemplo: David Letterman entrevistou-a.
Mourinho dava-lhe conselhos.

O pronome coloca-se antes do verbo quando este é antecedido por:

- **Advérbios de negação**

Exemplo: Eu nunca levo o livro. Eu nunca o levo.

- **Preposições**

Exemplo: Acabo de ver o Pedro. Acabo de o ver.

- **Conjunções subordinativas**

Exemplo: Quando vejo a Ana, fico contente. Quando a vejo, fico contente.
Quero que respondas ao João. Quero que lhe respondas.

- **Outros advérbios**

Exemplo: Lembro-me de quando conheci a Yuan.
Lembro-me de quando a conheci.

Pronomes pessoais com função de complemento direto

Sujeito	**Complemento Direto**		**Exemplos**
Singular	**eu**	**me**	A Ana vê-me todos os dias.
	tu	**te**	Eu levo-te a casa.
	ele, ela, você	**o, a**	O Pedro leva <u>o livro</u> para a escola. O Pedro leva-o para a escola. O Pedro viu <u>a Ana</u>. Ele viu-a.
Plural	**nós**	**nos**	A Yuan ouve-nos com atenção.
	vocês	**vos**	Eu ajudo-vos neste exercício.
	eles, elas, vocês	**os, as**	O João usou <u>os sapatos novos</u> na festa. Ele usou-os na festa. O João perdeu <u>as chaves</u>. Ele perdeu-as.

Pronome pessoal com função de complemento direto: o / a / os / as

1. Não sofrem alteração quando o verbo termina em vogal ou ditongo	2. Sofrem alteração quando o verbo termina em **r / s / z**	3. Sofrem alteração quando o verbo termina em **m / ão / õem** / (outro som nasal)
o / a / os / as	**lo / la / los / las**	**no / na / nos / nas**
Exemplo: Eu levo o meu neto a casa. Eu levo-o a casa.	Exemplo: Tu vais levar o carro. Tu vais levá-lo.	Exemplo: Eles põem a mesa. Eles põem-na.

A colocação do pronome o / a / os / as antes do verbo

Exemplos: Tu não vais levar o carro. Tu não o vais levar.
Ele não faz a cama. Ele não a faz.
Eles não põem a mesa. Eles não a põem.

Pronomes pessoais com função de complemento indireto

Sujeito	Complemento Indireto		Exemplos
	eu	**me**	O João dá-me um presente.
Singular	**tu**	**te**	Ele escreve-te uma carta.
	ele, ela, você	**lhe**	Ele deu-lhe um ramo de flores.
	nós	**nos**	Tu compraste-nos um bolo.
Plural	**vocês**	**vos**	Eu dou-vos uma explicação.
	eles, elas, vocês	**lhes**	O meu pai trouxe-lhes um presente.

A. **Responde às perguntas, utilizando os pronomes adequados. Segue o exemplo.**

1. Viste o Pedro? *Sim, vi-o.*
Não, não o vi.

2. Encontras muitas vezes o João na rua? *Sim,* ______
Não, ______

3. Trouxe a minha pasta? ______

4. Arrumaste o carro na garagem? ______

5. Vocês leram o artigo do jornal? ______

6. Vamos ler esse livro? ______

7. Compram o pão de manhã? ______

8. Ofereceste a prenda? ______

B. Substitui o complemento indireto pelo pronome correspondente. Segue o exemplo:

> **Exemplo:**
> Vais oferecer um almoço ao Pedro?
> Sim, vou oferecer-lhe um almoço.

1. Disseste a verdade à Ana? ______________________________

2. Levaste o livro ao João? ______________________________

3. Ofereceste esta pulseira à Yuan? ______________________________

4. Deram estes apontamentos ao João e ao Franz? ______________________________

5. Vais falar nesse assunto ao professor? ______________________________

6. Ela telefonou à Yuan? ______________________________

7. Entregas a carta ao teu pai? ______________________________

8. Vão dar estas flores às vossas professoras? ______________________________

C. Agora responde a todas as questões na negativa.

D. Lê as frases seguintes. Evita as repetições e utiliza os pronomes pessoais adequados.

A Marta entrou em casa com um ramo de flores. Pousou cuidadosamente o ramo de flores em cima de uma mesa. Retirou ao ramo de flores as folhas velhas. Deu ao ramo de flores um último arranjo. Depois, colocou o ramo de flores numa grande jarra e ficou a olhar o ramo de flores, sorrindo.

E. Preenche os espaços com os pronomes pessoais mais adequados.

A mãe do João fazia anos e __________, logo pela manhã, correu a abraçá- __________ e a desejar- __________ felicidades. Mas agora estava preocupado: gostava de oferecer qualquer coisa. Mas o quê? De repente, porém, teve uma ideia. Era primavera e os campos estavam todos floridos. __________ podia apanhar um ramo muito grande de cores variadas. A mãe gostava tanto de flores! Se bem __________ pensou, melhor __________ fez.

Maria Guerne, A Boneca Escangalhada

Atividade 8

Escrever

A. **"Conta-me como era..."**
Redige um texto descrevendo a vida e os hábitos da época dos teus avós.

Trabalho de grupo

Com os teus colegas, faz uma viagem no tempo e vai até aos anos sessenta. Façam um trabalho que retrate esse período. Refiram os hábitos, a moda, a música, etc. Podem recorrer à *Internet*. Apresentem o vosso trabalho à turma.

Já sou capaz de:

	🙂	😐	☹️
descrever ações habituais no passado	☐	☐	☐
relembrar épocas passadas	☐	☐	☐
comparar hábitos do passado com hábitos do presente	☐	☐	☐

UNIDADE 13
Um episódio de verão

Vamos aprender a:

- Descrever / narrar situações
- Retratar / caracterizar pessoas, espaços e objetos

Vamos aprender:

- Pretérito Imperfeito do Indicativo – diferentes usos
- *Estar* (Pretérito Imperfeito) + *a* + Infinitivo

Vamos aprender:

- Léxico no âmbito da descrição / narração

Tarefas

Atividade 1

Ouvir / Ler / Escrever
- *Um episódio de verão*
- Sublinhar informação
- Retirar informação

Atividade 2

Falar / Escrever
- Contar histórias

Atividade 3

Ouvir / Ler / Escrever
- *A Gaivota*
- Responder a questões

Atividade 4

Estudo da Língua

<u>Secção A</u>
- Pretérito imperfeito do Indicativo - diferentes usos
- *Estar* (Pretérito Imperfeito) + *a* + Infinitivo

Atividade 5

Ouvir / Ler / Escrever
- *A menina do mar*
- Completar espaços
- Completar um quadro
- Responder a questões

Atividade 6

Escrever
- Escrever uma história

Trabalho de grupo
Apresentar histórias de diferentes países relacionadas com o mar.

Atividade 1

Ouvir / Ler / Escrever

A. **Ouve e lê os seguintes textos.**

Um episódio de verão

O verão chegou! O grupo dos nossos amigos passou um fim de semana em Porto Côvo na Costa Vicentina. Acabaram de chegar e todos querem contar como foi:

A. Estava um sol maravilhoso e o mar parecia um lago. Fazia imenso calor e não havia vento. As gaivotas chegavam sempre ao fim do dia e descansavam no imenso areal. Ao fundo, via-se a Ilha do Pessegueiro. Sentia-me no paraíso.

B. O parque de campismo ficava num grande pinhal. Os pinheiros e eucaliptos tinham um cheiro muito agradável, principalmente ao amanhecer. Ficava deliciada com aqueles aromas. As noites eram frescas e de manhã cedo havia nevoeiro.

C. A vila é muito gira com casas pequenas pintadas de branco e azul. Os restaurantes, à beira-mar, estavam cheios de turistas. À noite, víamos as lanternas dos barcos de pesca. Pareciam pirilampos. No domingo, inesperadamente, choveu muito. Foi sensacional tomar banho no mar à chuva. Estávamos todos eufóricos.

D. Acordava muito cedo e ia passear para a praia. Apesar de ser cedo, o sol já apertava. Adorava ver, ao longe, os barcos que regressavam da pesca. Quando chegavam a terra era sempre uma grande agitação. Homens e mulheres recolhiam o peixe, o que demorava algum tempo. Sentia-me sempre interessada em ver o que os pescadores traziam. Faziam-me lembrar as praias de Dacar.

B. Identifica em cada texto uma palavra / expressão relacionada com:

a) o estado de tempo.
b) o estado psicológico.
c) os espaços.

Texto A	Texto B	Texto C	Texto D
a) •	a) •	a) •	a) •
b) •	b) •	b) •	b) •
c) •	c) •	c) •	c) •

C. Retira do texto duas frases que exprimem comparações.

Atividade 2

Falar / Escrever

A. Observa as imagens e responde a estas perguntas.

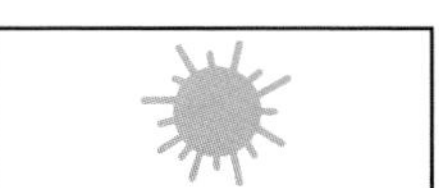 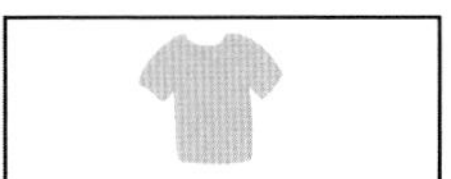 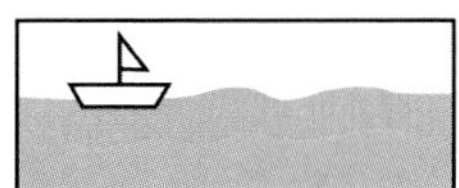  

1. Como estava o tempo? O que é que ele vestia? Onde estava? O que é que ele estava a fazer? O que é que aconteceu?

2. Como estava o tempo? Qual era a estação do ano? Onde é que eles estavam? O que é que eles estavam a fazer? O que é que aconteceu?

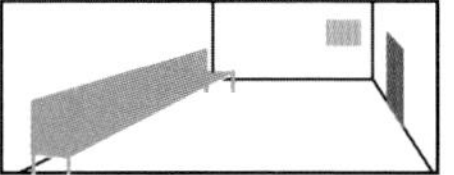 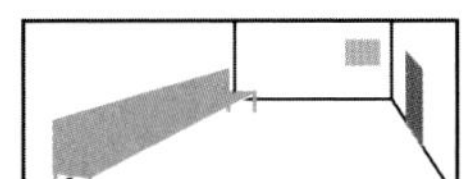 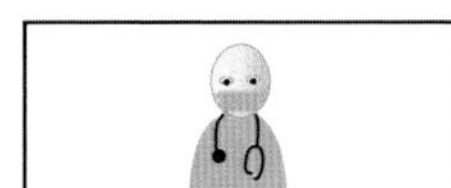 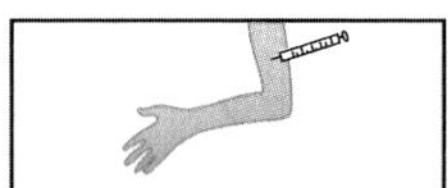 

3. Onde é que ela estava? Como era a sala? Com quem estava? O que é que ela estava a fazer? O que é que aconteceu?

 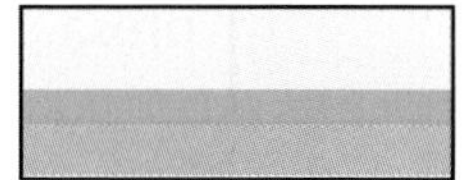 

4. Onde é que ele estava? Que dia da semana era? O que é que ele estava a fazer? Como estava o mar? O que é que aconteceu?

 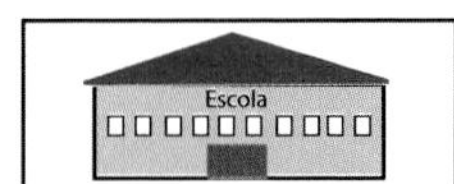

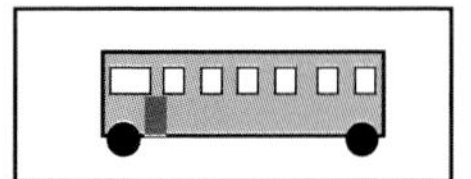  

5. Que horas eram? Para onde é que ela ia? Como é que ela ia? Donde é que ela vinha? O que é que aconteceu?

B. A partir das respostas anteriores, constrói um pequeno texto para contar o que aconteceu.

____

____

____

____

____

____

Atividade 3

Ouvir / Ler / Escrever

A. **Ouve e lê o texto.**

A Gaivota

Os amigos estão entusiasmados com o fim de semana que passaram e a Ana conta à turma um episódio que presenciaram.

"Estava um dia muito quente e não havia vento. O mar estava calmo e apanhávamos sol na praia. Enquanto o João estava a ouvir música, eu e a Ília procurávamos conchas.

De repente, ouvimos um barulho muito estranho que parecia que vinha do mar. Ficámos muito curiosos e resolvemos ir ver o que se passava. Mergulhámos, nadámos um pouco e dirigimo-nos para o local de onde vinha o barulho. Havia uma rocha um pouco afastada da praia que estava sempre cheia de algas e de gaivotas.

Vimos uma rede onde estava uma gaivota. Nós tentámos ajudá- la, mas era difícil libertá-la. Foi então que vimos um pescador num pequeno barco do outro lado da rocha. Acenámos e começámos a gritar. O pescador aproximou-se muito aflito, pois pensava que um de nós se estava a afogar.

Sentiu-se aliviado quando percebeu que afinal era apenas uma gaivota presa. Por sorte, ele tinha um canivete e cortou a rede.

Foi uma alegria ver a gaivota livre! As pessoas não têm cuidado. Milhares de animais morrem por causa do lixo que está no mar."

1. Quem é que conta o que se passou?
2. Como estava o tempo?
3. Por que razão ficaram tão curiosos?
4. O que é que eles encontraram?
5. Esta história teve um final feliz? Porquê?

Atividade 4

Estudo da Língua

Secção A - Pretérito Imperfeito do Indicativo - Diferentes usos
Estar (Pretérito Imperfeito) + *a* + Infinitivo

O Pretérito Imperfeito do Indicativo também se usa para:

- **Descrever ou narrar acontecimentos que decorreram no passado, expressando continuidade e duração.**

Exemplo: *Estava* um sol maravilhoso.
Dantes a Ília *vivia* no Senegal.

- **Indicar a idade e as horas no passado.**

Exemplo: Quando o Franz *tinha* 8 anos, vivia em Praga.
Era meio-dia quando saíram da praia.

- **Falar de ações habituais e repetidas no passado.**

Exemplo: As gaivotas *chegavam* sempre ao fim do dia.

- **Descrever ações simultâneas no passado.**

Exemplo: Enquanto o João *ouvia* música, eu e a Ana *procurávamos* conchas.
Ou Enquanto o João *estava a ouvir* música, eu e a Ana *estávamos a procurar* conchas.

A. **Escreve frases. Segue o exemplo.**

Exemplo:

professor contar uma lenda portuguesa / o aluno tomar notas

Enquanto o professor **contava** uma lenda portuguesa, o aluno **tomava** notas.

ou

Enquanto o professor **estava a contar** uma lenda portuguesa, o aluno **estava a tomar** notas.

1. A Yuan fazer compras / a Ília comer um gelado

____

____

2. A Ana ouvir um CD / o Pedro e o João escolher um livro

____

____

3. A avó da Yuan contar histórias / a neta ouvir com atenção

____

____

4. Nós pesquisar na *Internet* / eles escrever

____

____

Contraste entre o Pretérito Imperfeito e o Pretérito Perfeito Simples do Indicativo

Pretérito Imperfeito	Pretérito Perfeito
• **Ação a decorrer no passado**	• **Ação pontual (completamente realizada)**
Exemplo: Eu e a Ana *procurávamos* conchas. **Ou** Eu e a Ana *estávamos* a passear na praia.	**Exemplo:** *Vimos* a gaivota numa rede.

Exemplo: Eu e a Ana *procurávamos* conchas quando *vimos* a gaivota numa rede.

B. **Completa as frases. Segue o exemplo:**

> **Exemplo:**
> Nós ________ *(ver)* televisão quando o pai ________ *(telefonar)*.
> Nós **estávamos** a ver televisão quando o pai **telefonou**.

1. Ontem eu ________________ *(ver)* um documentário na televisão sobre Portugal quando o Franz ____________ *(chegar)* a minha casa.
2. Há dois dias ele ________________ *(falar)* sobre as tradições do seu país quando o meu professor ____________ *(entrar)* na sala de aula.
3. A Yuan e a Ana ________________ *(tirar)* fotografias quando ____________ *(começar)* a chover.
4. Nós ________________ *(lanchar)* em Belém quando ____________ *(encontrar)* o Pedro.
5. Vocês ________________ *(visitar)* o Oceanário quando ____________ *(nascer)* o Nicas, a recente cria do casal de lontras, Amália e Eusébio.

Atividade 5

Ouvir / Ler / Escrever

A. **Ouve e completa o texto.**

Era uma vez uma casa branca nas ____________, voltada para o ____________. Tinha uma porta, sete janelas e uma varanda de ____________ pintada de verde. Em roda da casa havia um ____________ de areia onde cresciam lírios ____________ e uma planta que dava flores brancas, amarelas e ____________ .
Nessa casa morava um rapazito que passava os dias a brincar na praia.
Era uma praia muito ____________ e quase deserta onde ____________ rochedos maravilhosos. Mas durante a maré alta os rochedos estavam cobertos de ____________. Só se ____________ as ondas que vinham crescendo do longe até quebrarem na ____________ com um barulho de palmas. Mas na maré vazia as rochas apareciam cobertas de limo, de ____________, de anémonas, de lapas, de algas e de ouriços. Havia poças de água, rios, caminhos, ____________, arcos, cascatas. Havia ____________ de todas as cores e ____________, pequeninas e ____________, polidas pelas ondas. E a água do mar ____________ transparente e fria. ____________ passava um peixe, mas tão ____________ que mal se via.

Dizia-se "Vai ali um peixe" e já não se via nada. Mas as vinagreiras passavam ______________, majestosamente, abrindo e fechando o seu manto roxo. E os caranguejos ______________ por todos os lados com uma cara furiosa e um ar muito apressado. (....)

Sophia de Mello Breyner, A Menina do Mar
Porto, Figueirinhas, 2001

B. Descreve.

A casa

O jardim

A praia

C. Lê o texto.

(...) o rapazinho da casa branca adorava as rochas. Adorava o verde das algas, o cheiro da maresia, a frescura transparente das águas. E por isso tinha imensa pena de não ser um peixe para poder ir ao fundo do mar sem se afogar. E tinha inveja das algas que baloiçavam ao sabor das correntes com um ar tão leve e feliz.

Em setembro veio o equinócio. Vieram as marés vivas, ventanias, nevoeiros, chuvas, temporais. As marés altas varriam a praia e subiam até à duna. Certa noite, as ondas gritaram tanto, uivaram tanto, bateram e quebraram-se com tanta força na praia, que, no seu quarto caiado da casa branca, o rapazinho esteve até altas horas sem dormir. As portadas das janelas batiam. As madeiras do chão estalavam como madeiras de mastros. Parecia que as ondas iam cercar a casa e que o mar ia devorar o Mundo. E o rapazito pensava que, lá fora, na escuridão da noite, se travava uma imensa batalha em que o mar, o céu e o vento se combatiam. Mas por fim, cansado de escutar, adormeceu embalado pelo temporal.

Sophia de Mello Breyner, A Menina do Mar
Porto, Figueirinhas, 2001

1. Enumera os elementos da Natureza de que o rapazinho gostava mais.
2. O que sentia o rapazinho quando estava no mar?
3. Que alterações aconteceram no mar quando veio o equinócio?
4. "O rapazinho adormeceu embalado pelo temporal." Imagina o sonho dele.

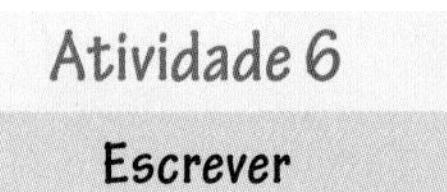

A. **Escreve uma história, verdadeira ou fictícia, tendo por base os textos que leste nesta unidade. Em seguida, compara-a com as dos teus colegas.**

Trabalho de grupo

Muitos povos têm histórias relacionadas com o mar. Com os teus colegas, faz uma pequena pesquisa e selecionem histórias de diferentes países. Cada grupo deverá apresentar o seu trabalho à turma.

Já sou capaz de:

	🙂	😐	🙁
descrever / narrar	☐	☐	☐
retratar / caracterizar pessoas, espaços e objetos	☐	☐	☐

Um portefólio é:

Um conjunto de trabalhos produzidos por ti ao longo do ano letivo. O portefólio deve ser elaborado com a orientação do teu professor.

Um portefólio serve para:

- Refletires sobre a tua aprendizagem.
- Desenvolveres uma maior autonomia no teu trabalho.
- Teres um papel mais ativo no processo na tua aprendizagem.

Um portefólio deve conter:

- Os teus dados pessoais: nome, morada, número de telefone, data de nascimento, nacionalidade.

- O conjunto de trabalhos realizados ao longo do ano letivo.

Podes dividir o portefólio em várias secções:

- <u>Secção de vocabulário</u>: deves incluir uma lista de palavras / expressões relacionadas com os temas que estudaste.

- <u>Secção de leitura</u>: deves colocar todos os trabalhos relacionados com os textos que leste ao longo das aulas.

- <u>Secção de trabalhos escritos</u>: incluis todos os teus trabalhos de produção escrita, por exemplo: relatórios, composições, comentários, anotações breves sobre filmes, visitas de estudo, trabalhos individuais, coletivos, etc.

- <u>Secção de imagens</u>: podes colocar um conjunto de imagens sobre os temas que estás a estudar ou ilustrar um texto que leste na aula. Não te esqueças de legendar as imagens.

- <u>Secção de testes</u>: Os testes são importantes no teu processo de aprendizagem, por isso deves colocá-los nesta secção. Podes também juntar os testes de recuperação ou qualquer outro elemento de avaliação.

O portefólio pode ser organizado em diferentes suportes:

1. Papel
2. Digital (*Word*, *PowerPoint*, blogue, etc.)

PRESENTE DO INDICATIVO / PRETÉRITO PERFEITO SIMPLES

VERBOS IRREGULARES	P.I. (Presente do Indicativo) P.P.S. (Pretérito Perfeito Simples)	EU	TU	VOCÊ ELE/ELA O SR./ A SRA.	NÓS	VOCÊS ELES/ELAS OS SRS./ AS SRAS.
DAR	**P.I.**	dou	dás	dá	damos	dão
	P.P.S.	dei	deste	deu	demos	deram
ESTAR	**P.I.**	estou	estás	está	estamos	estão
	P.P.S.	estive	estiveste	esteve	estivemos	estiveram
DIZER	**P.I.**	digo	dizes	diz	dizemos	dizem
	P.P.S.	disse	disseste	disse	dissemos	disseram
FAZER	**P.I.**	faço	fazes	faz	fazemos	fazem
	P.P.S.	fiz	fizeste	fez	fizemos	fizeram
TRAZER	**P.I.**	trago	trazes	traz	trazemos	trazem
	P.P.S.	trouxe	trouxeste	trouxe	trouxemos	trouxeram
HAVER	**P.I.**			há		
	P.P.S.			houve		
LER	**P.I.**	leio	lês	lê	lemos	leem
	P.P.S.	**regular**	**regular**	**regular**	**regular**	**regular**
VER	**P.I.**	vejo	vês	vê	vemos	veem
	P.P.S.	vi	viste	viu	vimos	viram
PERDER	**P.I.**	perco	perdes	perde	perdemos	perdem
	P.P.S.	**regular**	**regular**	**regular**	**regular**	**regular**
PODER	**P.I.**	posso	podes	pode	podemos	podem
	P.P.S.	pude	pudeste	pôde	pudemos	puderam
QUERER	**P.I.**	quero	queres	quer	queremos	querem
	P.P.S.	quis	quiseste	quis	quisemos	quiseram
SABER	**P.I.**	sei	sabes	sabe	sabemos	sabem
	P.P.S.	soube	soubeste	soube	soubemos	souberam
SER	**P.I.**	sou	és	é	somos	são
	P.P.S.	fui	foste	foi	fomos	foram
TER	**P.I.**	tenho	tens	tem	temos	têm
	P.P.S.	tive	tiveste	teve	tivemos	tiveram
VIR	**P.I.**	venho	vens	vem	vimos	vêm
	P.P.S.	vim	vieste	veio	viemos	vieram
DORMIR	**P.I.**	durmo	dormes	dorme	dormimos	dormem
	P.P.S.	**regular**	**regular**	**regular**	**regular**	**regular**

IR	**P.I.**	vou	vais	vai	vamos	vão
	P.P.S.	fui	foste	foi	fomos	foram
OUVIR	**P.I.**	ouço	ouves	ouve	ouvimos	ouvem
	P.P.S.	**regular**	**regular**	**regular**	**regular**	**regular**
PEDIR	**P.I.**	peço	pedes	pede	pedimos	pedem
	P.P.S.	**regular**	**regular**	**regular**	**regular**	**regular**
SAIR	**P.I.**	saio	sais	sai	saímos	saem
	P.P.S.	saí	saíste	saiu	saímos	saíram
SERVIR	**P.I.**	sirvo	serves	serve	servimos	servem
	P.P.S.	**regular**	**regular**	**regular**	**regular**	**regular**
SUBIR	**P.I.**	subo	sobes	sobe	subimos	sobem
	P.P.S.	subi	subiste	subiu	subimos	subiram
PÔR	**P.I.**	ponho	pões	põe	pomos	põem
	P.P.S.	pus	puseste	pôs	pusemos	puseram

PRETÉRITO IMPERFEITO

VERBOS IRREGULARES	Pretérito imperfeito	EU	TU	VOCÊ ELE/ELA O SR./ A SRA.	NÓS	VOCÊS ELES/ELAS OS SRS./ AS SRAS.
SER	**P.Imp.**	era	eras	era	éramos	eram
TER	**P.Imp.**	tinha	tinhas	tinha	tínhamos	tinham
VIR	**P.Imp.**	vinha	vinhas	vinha	vínhamos	vinham
PÔR	**P.Imp.**	punha	punhas	punha	púnhamos	punham

NUMERAIS ORDINAIS	
1º primeiro/a	26º vigésimo/a sexto/a
2º segundo/a	27º vigésimo/a sétimo/a
3º terceiro/a	28º vigésimo/a oitavo/a
4º quarto/a	29º vigésimo/a nono/a
5º quinto/a	30º trigésimo/a
6º sexto/a	31º trigésimo/a primeiro/a
7º sétimo/a	32º trigésimo/a segundo/a
8º oitavo/a	33º trigésimo/a terceiro/a
9º nono/a	34º trigésimo/a quarto/a
10º décimo/a	35º trigésimo/a quinto/a
11º décimo/a primeiro/a	36º trigésimo/a sexto/a
12º décimo/a segundo/a	37º trigésimo/a sétimo/a
13º décimo/a terceiro/a	38º trigésimo/a oitavo/a
14º décimo/a quarto/a	39º trigésimo/a nono/a
15º décimo/a quinto/a	40º quadragésimo/a
16º décimo/a sexto/a	41º quadragésimo/a primeiro/a
17º décimo/a sétimo/a	42º quadragésimo/a segundo/a
18º décimo/a oitavo/a	43º quadragésimo/a terceiro/a
19º décimo/a nono/a	44º quadragésimo/a quarto/a
20º vigésimo/a	45º quadragésimo/a quinto/a
21º vigésimo/a primeiro/a	46º quadragésimo/a sexto/a
22º vigésimo/a segundo/a	47º quadragésimo/a sétimo/a
23º vigésimo/a terceiro/a	48º quadragésimo/a oitavo/a
24º vigésimo/a quarto/a	49º quadragésimo/a nono/a
25º vigésimo/a quinto/a	50º quinquagésimo/a

Exemplos:

- Vivo no **quinto** andar.
- A minha carteira está na **primeira** fila da sala de aula.
- Estes são os nossos **primeiros** trabalhos para a disciplina de Geografia.
- Sábado é o **sexto** dia da semana.
- Dezembro é o **décimo segundo** mês do ano.

UNIDADE 0

Faixa 1	Atividade 3 B	página 12
Faixa 2	Atividade 3 C	página 12
Faixa 3	Atividade 3 D	página 13
Faixa 4	Atividade 3 E	página 14
Faixa 5	Atividade 4 Secção A - A	página 14

UNIDADE 1

Faixa 6	Atividade 1 A	página 25
Faixa 7	Atividade 2 Secção A - A	página 26
Faixa 8	Atividade 4 A	página 36
Faixa 9	Atividade 5 Secção A - A	página 37
Faixa 10	Atividade 5 Secção A - C	página 38
Faixa 11	Atividade 6 Secção E - C	página 40

UNIDADE 2

Faixa 12	Atividade 1 Secção A - A	página 48
Faixa 13	Atividade 3 Secção B - A	página 53
Faixa 14	Atividade 3 Secção B - C	página 54
Faixa 15	Atividade 3 Secção B - D	página 54
Faixa 16	Atividade 4 Secção B - D 1	página 57
Faixa 17	Atividade 5 Secção D - B	página 59

UNIDADE 3

Faixa 18	Atividade 2 A	página 65
Faixa 19	Atividade 4 A - António Vaz	página 68
Faixa 20	Atividade 4 A - Jane	página 68
Faixa 21	Atividade 4 A - Laura Perez	página 68
Faixa 22	Atividade 4 A - Hans	página 69

UNIDADE 4

Faixa 23	Atividade 4 A	página 80
Faixa 24	Atividade 5 Secção B - D	página 82
Faixa 25	Atividade 8 A	página 92

UNIDADE 5

Faixa 26	Atividade 1 A - Postal A	página 96
Faixa 27	Atividade 1 A - Postal B	página 96
Faixa 28	Atividade 1 A - Postal C	página 97
Faixa 29	Atividade 1 A - Postal D	página 97

UNIDADE 6

Faixa 30	Atividade 1 Secção A - A	página 108
Faixa 31	Atividade 1 Secção B - A	página 109
Faixa 32	Atividade 1 Secção B - B	página 109
Faixa 33	Atividade 2 Secção A - C	página 110
Faixa 34	Atividade 4 A - Makena	página 116
Faixa 35	Atividade 4 A - Sheraz	página 117
Faixa 36	Atividade 4 A - Pedro	página 117
Faixa 37	Atividade 4 A - Cindy	página 117

UNIDADE 7

Faixa 38	Atividade 2 A - Michael	página 123
Faixa 39	Atividade 2 A - Simone	página 124
Faixa 40	Atividade 2 A - Ília	página 124
Faixa 41	Atividade 4 Secção B - C - Int./Miyu	página 135
Faixa 42	Atividade 4 Secção B - C - Agni	página 136
Faixa 43	Atividade 4 Secção B - C - Fátima	página 137

UNIDADE 8

Faixa 44	Atividade 2 A	página 142
Faixa 45	Atividade 4 A	página 146
Faixa 46	Atividade 4 B - Diálogo 1	página 147
Faixa 47	Atividade 4 B - Diálogo 2	página 147
Faixa 48	Atividade 4 B - Diálogo 3	página 147

UNIDADE 9

Faixa 49	Atividade 1 A - texto A	página 150
Faixa 50	Atividade 1 A - texto B	página 151
Faixa 51	Atividade 1 A - texto C	página 152

UNIDADE 10

Faixa 52	Atividade 2 A - texto 1	página 171
Faixa 53	Atividade 2 A - texto 2	página 171
Faixa 54	Atividade 2 A - texto 3	página 171
Faixa 55	Atividade 2 A - texto 4	página 171
Faixa 56	Atividade 2 A - texto 5	página 171
Faixa 57	Atividade 4 A	página 173

UNIDADE 11

Faixa 58	Atividade 1 A - texto A	página 182
Faixa 59	Atividade 1 A - texto B	página 183
Faixa 60	Atividade 1 A - texto C	página 183
Faixa 61	Atividade 3 A	página 191
Faixa 62	Atividade 5 A	página 193

UNIDADE 12

Faixa 63	Atividade 1 A	página 196
Faixa 64	Atividade 3 A	página 198
Faixa 65	Atividade 6 A - Mariza	página 201
Faixa 66	Atividade 6 A - Mourinho	página 202
Faixa 67	Atividade 6 A - Paula Rego	página 202

UNIDADE 13

Faixa 68	Atividade 1 A - Int./texto A	página 208
Faixa 69	Atividade 1 A - texto B	página 208
Faixa 70	Atividade 1 A - texto C	página 208
Faixa 71	Atividade 1 A - texto D	página 208
Faixa 72	Atividade 3 A	página 210
Faixa 73	Atividade 5 A	página 212

Bloco1

Fotolia.com: © Eric Limon; © Glenn Young; © Julien Jandric; © Karsten Koehler; © nici.cat; © Spectral-Design; © Zottelhund; © Beboy; © Carsten Reisinger; © Carsten Reisinger; © Andres Rodriguez; © Andres Rodriguez; © Simone van den Berg; © Johnny Lye; © Johnny Lye; © Olga Lyubkina; © Tan Kian Khoon; © samantha grandy; © Raimonds Spakovskis; © Carlos Matesanz; © Tracy Martinez; © Tracy M © Valeri ; © Tomasz Trojanowski ; © Tomasz Trojanowski ;artinez; © JOEL PETIT; © Jason Stitt; © llandrea; © Gonzalo Andrés González Buzzio; © abarro; © abarro; © Peter Galbraith; © Pavlo Perets; © Thomas Weißenfels; © Dusty Cline; © Photo Ambiance; © Tejinder Singh; © Edyta Pawlowska; © Yuri Arcurs; © tdoes; © angelo.gi; © Thomas Brostrom; © David Pruter; © Galina Barskaya; © Isaiah Shook; © Howard Sandler; © Alexander; © harmonie57; © Gautier Willaume; © fred goldstein; © Marc Dietrich; © Marc Dietrich; © Aaron Kohr; © Alx; © philippe Devanne; © Steve Cukrov; © robert lerich; © Darren Green; © Dmitri Brodski; © Albert Drybrae; © Amy Walters; © OLIVIER THURET; © Jason Stitt; © Jason Stitt; © Jaimie Duplass; © Franz Pfluegl; © Ramona Heim; © Camanettes; © Marc Dietrich; © Fernanda; © Olga Khanoutin; © Tomislav Forgo; © Honggang Hu; © iMAGINE; © Michal Kolodziejczyk; © EastWest Imaging; © Franz Pfluegl; © Franz Pfluegl; © sonya etchison; © Joseph Helfenberger; © Vladimirs Koskins; © Pieter Bregman; © goce risteski; © Jari Aherma; © monamakela.com; © James Thew; © Franz Pfluegl; © Tomasz Trojanowski; © IKO; © Dmitri MIkitenko; © Ana Blazic; © Gino Santa Maria; © Rohit Seth; © Cattet Dominique; © jeecis; © dariuszsankowski; © moonrun; © robert lerich; © Edyta Pawlowska; © Dozet; © Stefan Baum; © Chee-Onn Leong; © SDVIG; © Dmitry Ersler; © Wellford Tiller; © GLUE STOCK; © GoodMood Photo; © Lev Olkha; © Rafa Irusta; © Rafa Irusta; © auris; © Anton; © Richard Tull; © Eric Simard; © Kirsty Pargeter; © GoodMood Photo; © Blaz Kure; © Carsten Reisinger; © Kirill Zdorov; © memo; © Route66Photography; © Dmitry Koksharov; © Eric Simard; © Dave Peck; © Dave; © Sly; © Johannes Lüthi; © Lorraine Swanson; © csaba fikker; © moonrun; © Gary Woodard; © Stocksnapper; © Stocksnapper; © Franz Pfluegl; © Eric Isselée; © Stas Perov; © Stas Perov; © Studio Pookini; © David Davis; © Alexander; © David Davis; © EK; © jean-marc brasseur; © Eli Coory; © Stephen Coburn; © Wild Geese; © Tomasz Trojanowski; © iofoto; © Scott Hancock; © Marc Dietrich; © Scott Hancock; © w14a; © misokaco; © Gonçalo Carreira; © Hallgerd; © Elenathewise; © Gonçalo Carreira; © auris; © Nikolai Tsvetkov; © Yuri Arcurs; © Harry Neave; © Julien Jandric; © Ludwig Eble; © Tomasz Trojanowski; © enrique ayuso; © Gonçalo Carreira; © Ariel DEL MASTRO; © Elnur; © Eric Isselée; © Cemanoliso; © fat*fa*tin; © Jorge Casais; © Eric Isselée; © Iosif Szasz-Fabian; © pressmaster; © Justina Sevostjanova; © Thaut Images; © Tomasz Trojanowski; © Marzanna Syncerz; © Marzanna Syncerz; © Elisabeth Munsterhjelm; © Elenathewise; © nmachado; © endostock; © endostock; © Vinicius Tupinamba; © Hagit Berkovich; © MAXFX; © rgbdigital.co.uk; © Vinicius Tupinamba; © daniel_freitas; © absolut; © Julydfg; © Rafa Irusta; © Martina Berg; © Ian Sewell; © Jose Manuel Gelpi; © TMAX; © Andres Rodriguez; © elmgrover; © Boris Djuranovic; © NiDerLander; © NiDerLander; © objectsforall; © objectsforall; © Mauro Rodrigues; © Yuri Arcurs; © photoCD; © Zygimantas Cepaitis; © Joanna Zielinska; © António Duarte; © photonaka; © Shariff Che'Lah; © Anyka; © auris; © spe; © Cemanoliso; © Cemanoliso; © Clément Contet; © Cemanoliso; © Sergei Didyk; © Sergei Didyk; © LArtiste33; © André Felício; © vospalej; © Helder Sousa; © Andrew Buckin; © Kasoga; © Kurhan; © borisha; © Ints; © paulogmartins; © Konstantin Sutyagin; © Nelli Shuyskaya; © Vadim Shtral; © Ingrid; © Rui Vale de Sousa; © Jaroslav Siroky; © stockmaker; © Irina Belousa; © Tanja Bagusat; © YURY MARYUNIN; © nw7.eu; © Marc Dietrich; © Monkey Business; © Monkey Business; © RRF; © Monkey Business; © ARNAUD JORON; © PicturenetCorp; © PicturenetCorp; © Aidas Zubkonis; © ARNAUD JORON; © myszka © Elenathewise; © Duncan Noakes; © RalfenStein; © Marta; © owen; © Andrzej Tokarski; © Cato; © arkpo; © EdgarSousa; © TheGame; © Monkey Business; © Monkey Business; © Monkey Business; © bubs; © philippe dubocq; © T.Tulic; © Lev Olkha; © Lisa F. Young; © Art Photo Picture; © Cheryl Casey; © Picturenet-Corp; © zuchero; © Valentin Mosichev; © Marion Wear; © Monkey Business; © Sergey; © Lev Olkha; © Filipebvarela; © Tinu; © godfer; © Charly; © charles jouvin; © forestpath; © pressmaster; © godfer; © Tyanna; © TheFinalMiracle; © gRaNdLeMuRieN; © Seth; © deanm1974; © ZTS; © Andres Rodriguez; © rgbspace; © Karin Lau; © Monkey Business; © Seno; © Roger Asbury; © am; © darknightsky; © Mario Savoia; © António Duarte; © soupstock; © Regi; © Kaziyeva-Dem'yanenko; © Ricardo Vermelho; © Igor Korionov; © Igor Korionov; © fotoverlag; © paolo maria airenti; © Irochka; © Nico; © Yuri Arcurs; © Olga Zemlyakova; © rak7; © Peterman; © arashamburg; © Yuriy Chertok; © gladiolus; © Jellie; © Cherry-Merry; © Andrey Kuzmin; © manu; © Dario Sabljak; © Arto; © reynolds; © FutureDigitalDesign; © FutureDigitalDesign; © FutureDigitalDesign; © Yarek Gora

Bloco 2

Fotolia.com: © Rocha; © PicturenetCorp; © Eve; © Monkey Business; © Monkey Business; © Galyna Andrushko; © Marion Wear; © eyedear; © Monkey Business; © Monkey Business; © L.F.otography; © Seth; © egal; © Comugnero Silvana; © Monkey Business; © Imagery Majestic; © Monkey Business; © TEA; © RoJo Images; © gabuchia; © Alexander Raths; © Alain Rapoport; © Yuri Arcurs; © Alexey Kuznetsov; © Thomas Perkins; © erwinova; © Pumba; © luchschen; © Silvia Bogdanski; © Yvonne Bogdanski; © Camille ESMIEU; © imagesab; © corepics; © Carlos Santa Maria; © Eric Isselée; © erwinvesper; © yulka; © Laurent Saillard; © silver chopsticks; © wedo; © Lev Olkha; © Ionia; © photo4dreams; © T.Tulic; © PHOTON; © PHOTON; © PHOTON; © mangostock; © adisa; © LanaK; © Andrey Danilovi; © kristian sekulic; © N.PARNEIX; © sp550uz; © Tomasz Trojanowski; © pink candy; © arkpo; © Sergey Kolesnikov; © drx; © JackF; © Alice; © remsan; © angelo.gi; © sunflowersister; © António Duarte; © Dev; © Monkey Business; © Monkey Business; © Fotoskat; © nw7.eu; © Irina Belousa; © pgm; © Monkey Business; © paulogmartins; © Yuriy Panyukov; © Hannes Eichinger; © borisha; © Liv Friis-larsen; © fotum; © Close Encounters; © António Duarte; © Twilight_Art_Pictures; © huss; © Yali Shi; © Marzanna Syncerz; © António Duarte; © David Davis; © DX; © bilderbox ; © Yuri Arcurs; © Marco Antonio Fdez; © Robert Molnar; © Jose Manuel Gelpi; © Yuri Arcurs; © Yuri Arcurs; © Marco Bonan; © crabshack photos; © Tomasz Trojanowski; © Aleksandr Ugorenkov; © Aleksandr Ugorenkov; © angelo.gi; © angelo.gi; © Andrey Armyagov; © Yuri Arcurs; © laurent davaine; © Martti; © cecile philippe; © Blue; © Andrey Armyagov; © canelle; © Elenathewise; © Feng Yu; © Amir Kaljikovic; © Diane Stamatelatos; © Elnur; © Spurious; © Julián Rovagnati; © Ariel DEL MASTRO; © terex; © Franz Pfluegl; © LEE HONG CHUN; © Roman Dembitsky; © Bithja Isabel Gehrke; © terex; © Alex Staroseltsev; © Mauro Rodrigues; © Wild Geese; © DianaStrizhigotskaya; © Marc Dietrich; © Rui Vale de Sousa; © Vladislav Gajic; © Kati Molin; © MASAMI IIDA; © Miroslav; © Darren Hester; © Pawel Strykowski; © Diane Keys; © Pawel Strykowski; © Thomas Weißenfels; © Pavel Losevsky; © GoodMood Photo; © jeffrey horler; © CORRADO RIVA; © Kurhan; © Jaimie Duplass; © Olga Langerova; © Michael Chamberlin; © Douglas Freer; © Oleg Kozlov; © endostock; © Birgit Reitz-Hofmann; © Irina Fischer; © Robert Berry; © Robert Berry; © Yana; © robert lerich; © visi.stock; © Bionic Media; © Darren Baker; © Elena kouptsova-vasic; © Ricardo Bhering; © godfer; © Yoram Astrakhan; © Suprijono Suharjoto; © sonya etchison; © fred goldstein; © Johannes Burges; © Aliaksander Vukolau; © Kheng Guan Toh; © Ekaterina Krasnikova; © jedphoto; © Oskar Däumling; © Kurhan; © Michael Flippo; © Franz Pfluegl; © Xavier MARCHANT; © Anatoly Tiplyashin; © Elena kouptsova-vasic; © LVI; © Liv Friis-larsen; © Celso Pupo; © Urbanhearts; © Attila Katona; © Glenn Jenkinson; © Leonid Nyshko; © sylada; © Inspir8tion; © Elenathewise; © Anatoly Tiplyashin; © Stephen Coburn; © Elenathewise; © kernel; © tdoes; © iphoto; © Galina Barskaya; © Elenathewise; © Mark Scott; © Elenathewise; © robert lerich; © abarro; © Scott Patterson; © Leon Forado; © nadia benaissa; © Olga Lyubkina; © Christophe Schmid; © Urbanhearts; © Jaimie Duplass; © Carsten Reisinger; © MONIQUE POUZET; © Eray Haciosmanoglu; © crzy77

Bloco3

Fotolia.com: © Carsten Reisinger; © Daniel Gustavsson; © Lorelyn Medina; © edavisso; © fred goldstein; © wanty; © Galina Barskaya; © Galina Barskaya; © Arturo Limón; © fred goldstein; © daniel sainthorant; © Adam Nawrot; © alice rawson; © Stephane TOUGARD; © Galina Barskaya; © Michael Chamberlin; © pixelbelichter; © pixelbelichter; © pixelbelichter; © Mike Thompson; © Cristian Ciobanu; © Franz Pfluegl; © Forgiss; © Barbara Helgason; © icholakov; © Rod Ferris; © David Davis; © Karin Lau; © Elenathewise; © godfer; © Ana Blazic; © Irina Efremova; © Patricia Hofmeester; © monamakela.com; © Sportlibrary; © Mele Avery; © cynoclub; © Galina Barskaya; © ril; © Galina Barskaya; © Rui Vale de Sousa; © Kaarsten; © Julien Jandric; © bacalao; © karaboux; © Elnur; © Oleg Kulakov; © Helder Sousa; © Yuri Arcurs; © jay beaumont; © ril; © ti_to_tito; © ti_to_tito; © Victoria Visuals; © Alexander Yakovlev; © Ana Blazic; © staphy; © Helder Sousa; © okam; © Martin Allinger; © NorthShoreSurfPhotos; © NorthShoreSurf-Photos; © moonrun; © Christos Georghiou; © Rese; © PIZA; © candan; © soschoenbistdu; © PHOTON; © PeJo; © Aurélien Antoine; © Jitloac; © Yuri Arcurs; © Springfield Gallery; © red4blues; © Tomasz Trojanowski; s © PicturenetCorp; © Cheryl Casey; © Scott Griessel; © Yuri Arcurs; © Seth; © John Maldoror; © LUNAMARINA; © Robert Gortana; © markos86; © Scott Griessel; © Marco Antonio Fdez.; © Coqrouge; © kuhar; © John Bailey; © Gentoo Multimedia; © Géraldine PUEL; © Oleksandr Bondar; © PictureArt; © sumnersgraphicsinc; © bilderbox; © MICHAEL SANDY